発音の鬼が日本人のためにまとめた ネイティブ発音のコツ33

バンクーバー

Pronunciation Tricks Exclusively Selected For Japanese Students

Richard Kawaguchi

リチャード川口

CD BOOK

明日香出版社

まえがき

🔊 TRACK **1**

『バンクーバー 発音の鬼が日本人のためにまとめた ネイティブ発音のコツ33』へようこそ～‼

「発音の鬼」こと日系カナダ人講師のリチャードです。

みなさんはネイティブは自然に行っているのに、日本人の多くは知らない、もしくはおさえていないリアルな「英語発音のコツ」がたくさんあるって知っていましたか？

本書では、あなたの「英語の発音」を**日本では教えてくれない目からウロコの33のコツ**をおさえることで一気にネイティブ級に高めます。そして、どんな単語やフレーズでも一発で通じるようにします。

本書で学習していく中で、日本語と英語の発音や喋り方がどう違うかがはっきりわかるようになります。
結果的に、自分が発音できるようになると驚くほど英語が聞こえるようにもなるんです！

たくさんの「なるほど」と「だからか」があると同時に、**「なんでこんな大事なことを日本では、学校では教えてくれないんだ！」**と憤りすら覚えること間違いなし‼

これからの時代は、TOEICなどの資格取得がますます重要視されることは間違いありません。でも、バランスの悪い勉強で点数だけ持っていて実際は英語を使えない人が増えているのも事実です。グローバル化がどんどん進んでいる時代だからこそ胸を張って「英語ができる！」と言える力を身に付け、その力を発揮していきましょう！

そして、最近は発音学習は注目されていて「フォニックス」などの発音本も多いです。フォニックスとは何なのかというと、「英語圏の子どもがつづりを覚えるために開発されたメソッド」です。これに対し、**本書は日系カナダ人で日本語、英語ともに熟知している僕がその違いに注目し、「日本人が一発でネイティブ発音のコツをつかむために開発した独自のメソッド」**になります。

日本人の発音癖をわかっているからこそ丁寧に、そしてダイレクトに教えられるのが一番の強みです！

普段はバンクーバーで発音やリスニングで悩んでいる方々のためにセミナーや短期コースを開いていますが、本書ではその授業内容をリアルにそのまま一冊にしました！

では、最初に本書を読んでどうなりたいかの願望を書き出してみよう!! 書き出して目標をクリアにすることでモチベーションも上がるしゴールまでの距離がぐっと近づきます！

We can work this out together!
（一緒に頑張ろう！）

発音を極めてどうなりたいですか？

東北新社に、入社する。

きっと目標は色々あるよね。

洋画を字幕なしで観たい！
出張で自信を持って商談したい！
海外の友人と緊張せずにもっと話したい！
職場で一目置かれる存在になりたい！
外国人がいる職場でのミスコミュニケーションを避けたい！
今度の旅行で一緒に行く恋人や友人にいいところを見せたい！
英語の先生よりきれいな発音を出せるようになりたい！
TOEIC や TOEFL のリスニングで高得点をとりたい！
などなど……。

さあ、具体的な目標を掲げたところで！

いざ『バンクーバー 発音の鬼が日本人のためにまとめた ネイティブ発音のコツ 33』の世界へ!!

**Don't worry. It's not as difficult as you think!
Just follow my lead! Let's go!**
（思っているほど難しくないから心配ご無用！ 僕に任せて！ さあ、始まるよ！）

バンクーバー 発音の鬼が日本人のためにまとめたネイティブ発音のコツ33 目次

まえがき	3
本書の特徴	13
本書の使い方	14

INTRODUCTION

自己紹介	18
登場人物紹介	22
マンガ『本当に使える英語とは』	24
なんで日本人の発音は通じないの？	26

- **Q1** なんで英語の発音って一発でなかなか通じないの？
- **Q2** なぜネイティブの喋る英語はペラペラと聞こえづらいし、テレビやラジオの英語は速くてわからないんだろう？
- **Q3** ネイティブ発音と自分の発音。その圧倒的な差はどこで生まれるの？

STAGE 1 日本語にはない母音17個

日本語とかけ離れた母音4個 ... 40

- コツ1　母音 [æ] しゃくれの「あ」 ... 42
- コツ2　母音 [ɑ] あくびの「あ」 ... 44
- コツ3　母音 [ɔ:] 大口の「お」 ... 46
- コツ4　母音 [ə] あいまい母音 ... 48

日本語に似ているけど少し違う母音4個 ... 50

- コツ5　母音 [ʌ] 低めの「あ」 ... 52
- コツ6　母音 [i] 口を引かない「い」 ... 54
- コツ7　母音 [e] ちょっと大きめに開ける「え」 ... 56
- コツ8　母音 [u] 口の力を抜いた「う」 ... 58

[r] が関わってくる母音9個 ... 60

- コツ9　母音 [r] 舌を思いっきり引く音 ... 62
  - ① 舌を最初から引く音
  - ② 舌を途中から引く音

マンガ　『母音は大事だよ』 ... 66

STAGE 2　日本人が苦手な子音 10 個

コツ 10	子音 [θ] "th" 舌と上の歯の 「すぁ すぃ すぅ すぇ すぉ」	70
コツ 11	子音 [ð] "th" 舌と上の歯の 「ずぁ ずぃ ずぅ ずぇ ずぉ」	72
コツ 12	子音 [r] たこちゅーの 「ぅら ぅり ぅる ぅれ ぅろ」	74
コツ 13	子音 [l] 舌ったらずの「ら り る れ ろ」	76
	① [l] の後に母音がある場合 ② [l] の後に母音がない場合	
コツ 14	子音 [w] たこちゅーの 「ぅわ ぅい ぅう ぅえ ぅお」	80
コツ 15	子音 [f] 下唇の「ふぁ ふぃ ふぅ ふぇ ふぉ」	82
コツ 16	子音 [v] 下唇の「ヴぁ ヴぃ ヴぅ ヴぇ ヴぉ」	84
コツ 17	子音 [j] "y" 舌を緊張させた「ぃや ぃい ぃゆ ぃえ ぃよ」	86
コツ 18	子音 [s] 舌先が真ん中の「すぁ すぃ すぅ すぇ すぉ」	88
コツ 19	子音 [ʃ] "sh" 舌先が上を向く「しゃ しぃ しゅ しぇ しょ」	90

マンガ『さあ、出せない音はない』 ……………… 92

STAGE 3　目からウロコの発音技 12

コツ 20	発音技① 音のない "e" ……… 96
コツ 21	発音技② リンキング（子音→母音）……… 98
コツ 22	発音技③ リンキング（子音→子音）……… 102
コツ 23	発音技④ リンキング（母音→母音）……… 106

①「い」系の母音から母音につながるパターン
②「う」系の母音から母音につながるパターン

コツ 24	発音技⑤ 消える破裂音と消える [v] ……… 110
コツ 25	発音技⑥ 消える最後の破裂音と消える [v] … 114
コツ 26	発音技⑦ 濁る [t]（母音に挟まれた場合）… 116
コツ 27	発音技⑧ 濁る [t] （[l] と母音に挟まれた場合）……… 120
コツ 28	発音技⑨ 消える [t] ……… 122
コツ 29	発音技⑩ 飲み込む [t] ……… 124
コツ 30	発音技⑪ 子音＋ [j] "y" ……… 128
コツ 31	発音技⑫ 消える [h] ……… 130

マンガ『自分の発音に酔っちゃいそう』 ……… 132

STAGE 4　日本語と違う英語のリズム

- コツ 32　単語のリズム　　　　　　　　　136
- コツ 33　文章のリズム　　　　　　　　　148

マンガ『未来は僕らの手の中』　　　　　　158

STAGE 5　実践！ 日本人が苦手な発音

- coffee（コーヒー）の発音　　　　　　　　166
- salad（サラダ）の発音　　　　　　　　　168
- department store（百貨店）の発音　　　170
- water（水）の発音　　　　　　　　　　　174
- hospital（病院）の発音　　　　　　　　　176
- drinking party（飲み会）で使える単語　　178
- want と won't（〜が欲しい と 〜しない）の違い　182
- can と can't（〜できる と 〜できない）の違い　184
- マンガ『さよならリチャード』　　　　　　188
- RK English「School Song」で英語を体得！　190

INDEX

鬼の発音のコツ一覧 194

あとがき 200

本書の特徴

1. 講師のリチャードが直接語りかけてくれるライブ形式！気さくな先生の臨場感あふれるレッスンに参加する感覚で読みすすめられます。

2. イラストや漫画がたくさん！ **理論＋イメージ**で直感的に学べるようになっています。個性豊かな仲間たちと超実用的な発音のコツをストーリー形式で学んでいきましょう！

3. 日英両方の発音の特徴を研究しつくしたリチャードが説明するので日本人が一発で納得できます！

4. 全ての説明に音声がつきます。（付属の CD もしくはサイト rkenglish.com にて）オリジナルの音楽や効果音もつくので堅苦しい「教材」とは一線を画します！
音声はリチャード自身が日本語と英語、一人で対応するのでわかりやすいです！

5. 目からウロコの「鬼の発音のコツ」を、一つひとつマスターしていくことにより、どんな単語も文章もネイティブ級の発音ができるようになります！ 理論に裏打ちされた「漫画よりも楽しく、参考書よりもためになる」新しいタイプの語学書です！

本書の使い方

🔊 TRACK **2**

STAGE 1～STAGE 5までカテゴリーごとに順を追って様々な発音のコツを習得していきましょう。

1 理解する！
まずは読みすすめながら一つひとつの「鬼の発音のコツ」をきっちり理論から理解していこう。

2 体現する！
コツを理解したら付属のCDもしくはサイトrkenglish.com/soundの音声を参考にしながら具体例をちゃんと自分の声で発音できるように練習しよう。

※様々な「鬼の発音のコツ」を頭（理論）と体（再現）で体得していくことによって、どんな単語も文章も自信を持って発音できるようになります。

3 定着させる！
そのうえでポイントをおさえたネイティブ級の発音を定着させていくトレーニングを繰り返していきます。

4. 広げる！

各項目のメモスペースには自分で見つけた単語や例文を書きたしていこう！ 自分と一緒に成長する発音のバイブルとして使っていきましょう！

5. アフターサービス！

大特典!! つまづいたら、いつでも rkenglish.com/faq 経由で質問を投げかけよう！ リチャードが直接対応します！

You are my student already!
（君はもう僕の生徒だ！）

INTRODUCTION

RK ENGLISH

自己紹介

First, let me tell you a little bit about myself.

What's up everyone?

この本で講師を務める発音の鬼こと
リチャードです！
でも、鬼って言うほどこわくはない
ので安心してね！

普段はバンクーバーでバイリンガル日系カナダ人講師として、日本人のネイティブ化をすすめるべく日々努めています!!

カナダで生まれ、1歳から9歳までを日本で過ごした後に、オーストラリア、アメリカで育ちました。
だから、**各国の発音の違いがわかるし、日英両方の視点から言語、発音を分析できます！**

カナダで生まれたとはいえ、海外に渡った当初はもちろん日本語でしか考えられなかったし、発音もできないので笑われたり、馬

鹿にされたりすることも多々ありました。
オーストラリアの学校で自己紹介した時に、**I'm from Canada.** しか言えなくて、ネイティブのクラスメートにびっくりされたことも……。「えっ、ウソでしょー」みたいな反応でした……。

子どもだったので、遊びながら自然に身に付いたところもあるけど、それでも「なるほど、こう発音するのか」と**発音の「コツ」を一つずつつかんでいきました。**

その度にレベルが上がっていくのがわかったし、いつの間にか「あれ、親の発音間違っているぞ？」と気付くことも……。
（両親は日本で生まれ育ってカナダに渡りました）

高校はアメリカのコロラド州の学校に行き、バンド活動をしつつ勉学に励み、卒業後は明治大学に入学。

サーフィンに明け暮れつつも、英語オンリーのゼミでゼミ長も務めていました。こうやって日本と海外を行き来しながら育つ中で、日英両方の思考回路を持ちあわせるようになりました！

大学卒業後は六本木でバーテンダーをした後、夜の王になろうと自分の城を建てにいざラスベガスへ!!

しかし、世の中そんなに甘くもなく、アメリカで生き方を模索していたある日……。ふと自分がカナダ人であることを思い出し、カリフォルニアの友人から車を譲り受け一気に西海岸を北上！

バンクーバーに流れ着き、個人教師で生計を立てるうちに「わかりやすい」とご好評いただき、**TOEIC専門校で専任講師となり2000人以上をみっちり教えてきました。**

一方で、RK Englishという「楽しくてリアル」をモットーとした英語教育ブランドを立ち上げてカナダと日本で活動中！

このように、真面目な人生をずっと歩んできたとは言いにくい部分もある僕ですが……。
だからこそ、**学習といっても堅苦しいことは抜き**にするのが僕のスタンス。
「本当に必要な実用的な英語」を「直球でわかりやすく」伝えていきます。

本書では僕が日本に行った時のエピソードを通して、超大事なのに、日本の学校では教えてくれない目からウロコの鬼の発音のコ

ツを余すことなく紹介します！
そして、みなさんの**発音とリスニング力のネイティブ化**を図っていきたいと思います！

登場人物紹介

この本でみなさんと学ぶ仲間達を紹介!

タカオ
レベル6　28歳　商社勤務　TOEIC675
海外出張も多いが、実際に商談などでふみこんだ話になると喋れなくて困っている。
TOEIC目標は860点(社内留学の条件)。
同僚が英語に力を入れている事もあり、英会話のTOEICコースに通っているが堅苦しく勉強するのは実は面倒。

ハナ
レベル3　24歳　旅行代理店勤務
歌が上手く音感がいいので発音のセンスはいい。勉強は苦手。社交的で外国の友人も多いが、英語でもっと微妙なニュアンスも伝えて仲良くなりたい。

サキ
レベル4　32歳
メーカー商品開発担当　TOEIC425
美人でバリバリ仕事をこなすキャリアウーマンだが、英語だけが弱点。
はじめて受けたTOEICがまさかの結果でプライドが傷つき英会話に駆けこむ。

シゲノブ
レベル2　49歳
大手電子機器メーカーTahichiの部長
社内公用語が英語になる日も近いのではないかとビクビクしている。英語は全て部下任せ。
先日の妻と行ったヨーロッパ旅行で喋れたのはThank youとHello。海外のオープンな雰囲気に惹かれつつも英語力がたりないことを痛感し、周りにバレないようにこっそり英会話のビギナーコースに入学した。

※Tahichiは……新卒の8割を海外で採用。
今年の新卒社員1390人のうち1100人は海外の現地外国人を採用。前年は6割の750人だった。

本当に使える英語とは
とある英会話スクールのパーティーの後…
発音が悪いのかな〜どうだろ?
いや〜でもやっぱ英会話ってムズカシイね!
ぬっ
Hi, excuse me,
we just want to know how we
can get to the nearest station.
Excuse me!
Hi!
あれ?ぜんぜん通じない…
パクパクパク
Blah Blah Blah Blah Blah Blah
大丈夫ですか?
ああ…
ポン
おちついて…
Oh! Thanks!
ペラララ…スラララ…
お〜〜!

オイオイ
英会話パーティの
帰りなのかな。
ほんとに使える英語のコツは
つかめてる？
みなさんの英語、文法はできてる
けど発音が心配！
ビシッ
ババーン！
発音の鬼
リチャード
だって去年初めて
海外に……。
発音なんて学校で
教わらなかった！
リラックス、
リラッ～クス！
まあまあ
通じる英語への近道は
発音を極めること！
がっつり発音のコツを
つかんでいきましょう！
やるぞー！
そしてここから僕らの
発音革命は
始まったんだ…
オォー！

なんで日本人の発音は通じないの?

Before we begin, let's start off with 3 QUESTIONS.
(3つの質問から考えてみよう!)

QUESTION No.1
なんで英語の発音って一発でなかなか
通じないの?

日本人にはネイティブみたいな
発音は無理なの?

ANSWER
英語と日本語の発音の仕方が全然違うからです。

「当たり前じゃん！」って思うよね。
そうなんだけど、それにもかかわらず学校では発音を二の次にして、とりあえずカタカナで処理して学んじゃうよね。

「これはイカン」と英会話教室に通ったり、海外留学をしたりしても、ネイティブの先生の多くはRepeat after me.（さあ、私のマネをして）としか言いません。というか、言えません。そもそもどの発音が日本人にとって難しいのか、なぜその発音が難しいのかわからないからピンポイントでコツを教えることができないんです。大人になってからの学習では、Repeat after me.と言われてもつかみどころがないし、どうしようもありません。

そういうわけで、日英両方の発音に精通した僕が**日本人のためにまとめたネイティブ発音のコツ**をマスターすることがカギになってきます！ これはありそうで今までなかった、日本人待望の内容と言えます!!
日本語にはない母音や子音の出し方をわかりやすく説明するのはもちろん、単語や文章を発音する時のルールやコツも理論的に説明します。「日本語との違い」に注目してコツをおさえれば必ず一発で通じるネイティブ級の発音は出せるんです。
ここは、日英の発音の違いを熟知した僕に任せて！

QUESTION No.2

なぜネイティブの喋る英語はペラペラと聞こえづらいし、テレビやラジオの英語は速くてわからないんだろう？

> 読んだらわかるようなものも、聞いたら全く何を言っているのかわからない！

ANSWER

ずばり、自分が思っている音と実際にネイティブが発している音が大きく食い違っているからです。

例えば、見て読めば意味がすぐにわかる
It's not difficult at all.

実際に発音してみると……。
もしかしたらあなたの発音はこうかもしれません！
「いっつのっとでぃふぃかるとあっとおーる」

では、実際のネイティブの発音はどうでしょうか。
It's not difficult at all.
ネイティブ発音は「いつなっでぃふぃくぅっあろ゛ー」

うん。こんなに違うんだ。
これだけ自分の発音と現実（ネイティブの発音）が違えば、読めば理解できるのにリスニングとなるとさっぱりなのも納得だよね。

では英語がスラスラと聞こえるようになるにはどうすればいいんだろう。さあ、みんなはどう思いますか？

> とにかく聞く？

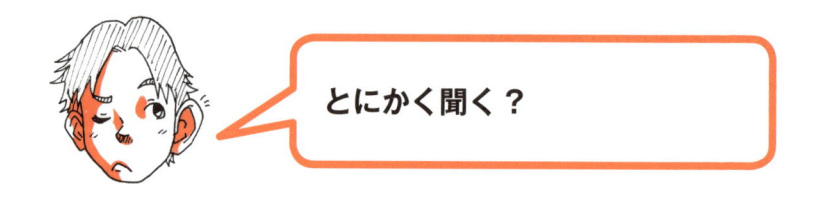

うーん。
こう考えがちだけど、違うんだ。
人は8〜9歳を超えると聞いただけでは音や言語を覚えなくなってしまいます。
だって、映画だって音楽だって、英語でたくさん聞いてこなかった？

> とにかく喋る？

うん。確かに喋るのは大切。
たくさん喋らないと、会話として自然なフレーズや瞬発力のある切り返し方は身に付きません。
ただ、仮に**海外に何年住んでいようとも、コツをつかまないと発音やリスニング力はなかなか上達しない**んです。

> 発音を極める？

はい！ ハナ正解！
聞こえない理由が、自分がイメージして発音している音と、実際にネイティブが発している音との食い違いだということは……。

カタカナ英語の発音とネイティブ発音がどう違うのかを知ったうえで、自分がネイティブ級の発音を出せるようになると食い違いがなくなります。
そして、当たり前に聞きとれるようになります。
そうなると今度は聞けない人の気持ちがわからなくなるほどです！

自分で発音できる
↓
ネイティブ発音を当たり前に認識できる
↓
リスニング力 UP

QUESTION No.3
ネイティブ発音と自分の発音。その圧倒的な差はどこで生まれるの？

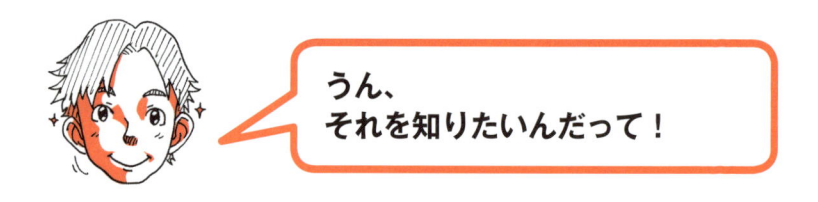

うん、それを知りたいんだって！

ANSWER
英語には英語特有で日本語にはない発音の特徴がたくさんあるから！

例えば、
そもそも日本語にはない音！
日本語にはないリズムのとり方！
日本語にはない音のごまかし方！
日本語にはない音のつながり方！
日本語にはない……。

うーん。ないないだらけだけど、それを一つひとつ明確にしていけば大丈夫です！

要はネイティブが英語を話す時に自然に行っている、はしおる音や、つなげる音、ごまかす音、もしくは日本語にはない音の出し方といった、**日本語にはない発音のコツをつかめばいい**だけなんだ。

あまり難しく考えずに、英語を上手く発音するためのちょっとした「コツ」だと思おう。スポーツだって音楽だって、何事も「コツ」だよね。

本書ではおさえなければいけない「発音のコツ」が全部項目ごとにまとめてあるから、それらをテクニックとして習得していこう！
そうしたらどんどん英語発音っていうものが実感としてわかってくるようになるぞ！

「英語はセンス、聞きまくるしかない!?」、「大人になってからではネイティブのような発音は無理!?」というのはよく聞く話。
いや、とんでもない！ 本書のコツさえおさえて練習すれば、ネイティブにだってなれるよ！

ただ、**今までそのコツを教わる機会がなかっただけ**です。
それでは一緒に発音の秘密を解き明かしていきましょう！

まずはこれを見て！
これが発音をマスターするための全体像だ！

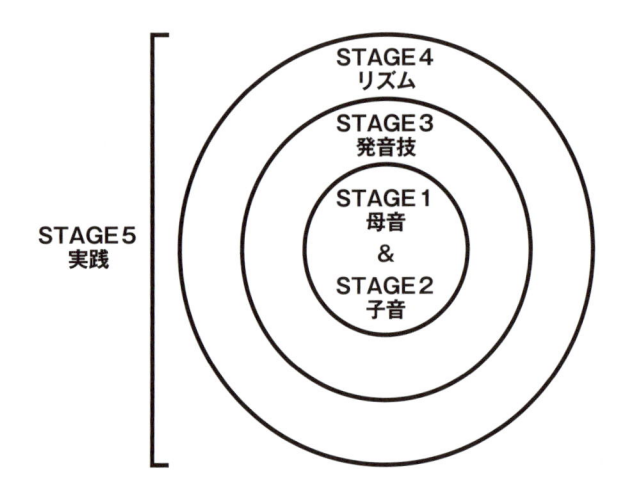

```
                    STAGE 4
                    リズム
                STAGE 3
                発音技
            STAGE 1
            母音
            &
  STAGE 5   STAGE 2
  実践      子音
```

We'll brake it down and put them back together!
（発音は全体像を分解してそしてまたくっつける！）

各STAGEでそれぞれの項目を丸裸にして完全マスターしていくよ！
STAGE 1と2では日本語にはない音に出せるようにしていく。1では母音、2では子音をやるよ。
STAGE 3では音のつなげ方や、はしおり方などのあっと驚きのネイティブ発音のテクニックを伝授。
STAGE 4では英語のリズムにフォーカス。英語の「ノリ」を理論的に解明するよ！
STAGE 5はSTAGE 1～4を踏まえたうえで、日本人が発音できない単語をバッチリ解決する実践編です！

順を追って英語発音をマスターしていくよ！

STAGE 1　日本語にはない母音17個

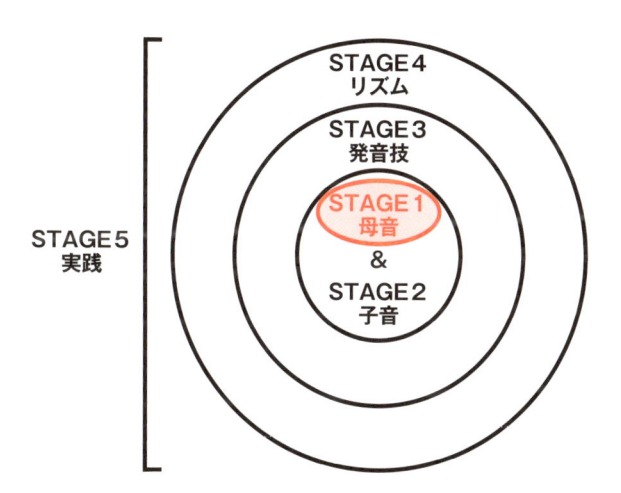

- STAGE 5 実践
  - STAGE 4 リズム
    - STAGE 3 発音技
      - **STAGE 1 母音**
      - &
      - STAGE 2 子音

STAGE 2　日本人が苦手な子音10個

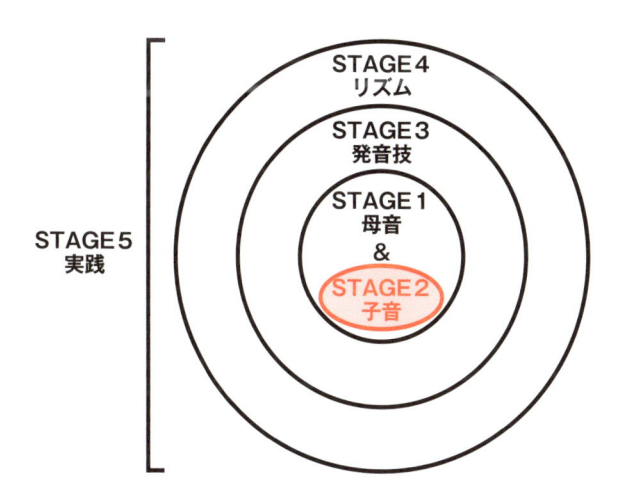

- STAGE 5 実践
  - STAGE 4 リズム
    - STAGE 3 発音技
      - STAGE 1 母音
      - &
      - **STAGE 2 子音**

STAGE 3　目からウロコの発音技12

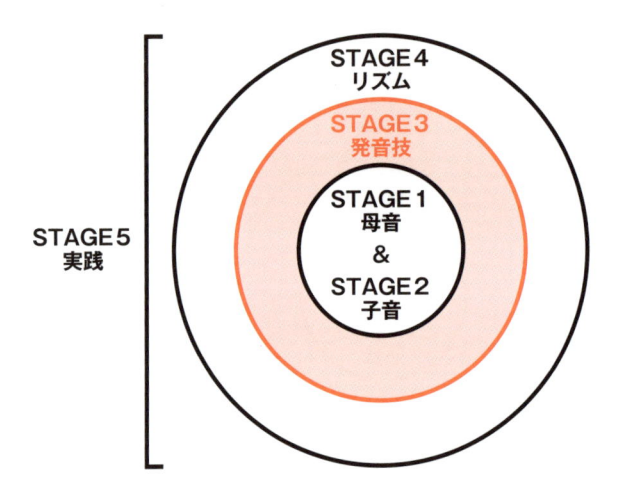

- STAGE 5　実践
  - STAGE 4　リズム
    - STAGE 3　発音技
      - STAGE 1　母音 & STAGE 2　子音

STAGE 4　日本語と違う英語のリズム

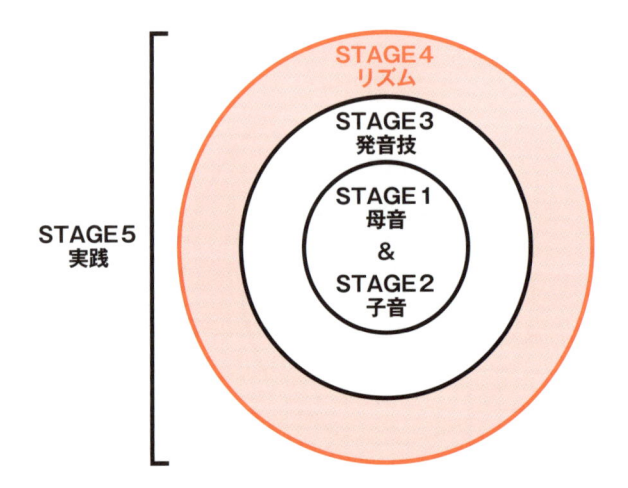

- STAGE 5　実践
  - STAGE 4　リズム
    - STAGE 3　発音技
      - STAGE 1　母音 & STAGE 2　子音

STAGE 5 実践！ 日本人が苦手な発音

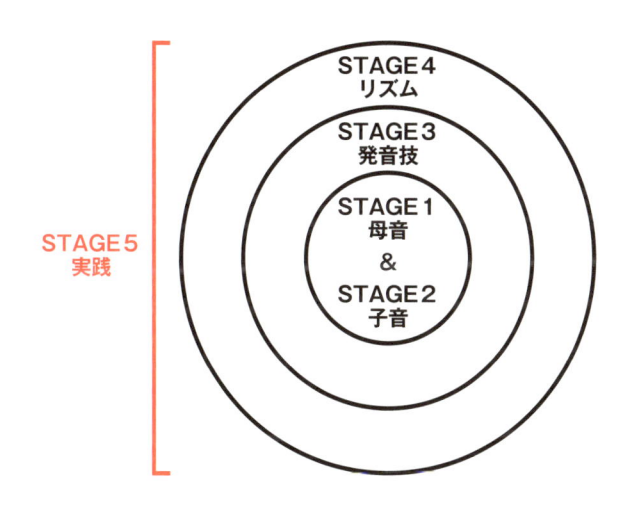

```
        STAGE 4
        リズム
       STAGE 3
       発音技
      STAGE 1
       母音
        &
      STAGE 2
       子音
```

STAGE 5
実践

STAGE 1 から STAGE 5 まで一つずつコツをマスターしていけば、英語発音は絶対に制覇できます！
迷子にはさせないので、流れに沿ってついてきて！
一つひとつコツをちゃんとおさえて、ネイティブの発音の仕方を人に説明できるくらい理解して練習していこう。

ゴールは……
英語の音が見えるようになること。そしてそれをなんなく再現できること！

Did you see the big picture?
（全体像は見えたかな？）

STAGE 1

日本語にはない母音17個

STAGE 1
日本語とかけ離れた母音4個

まず、最初にして一番大事!! 日本語にない母音を出せるようになろう! 母音とは、音を出す際に歯や口や舌などによって息の通り道がじゃまされない音のことだよ。
日本語だと母音は「あいうえお」で5種類。ところが英語だと、なんとその数25種類!!

25種類っていうのはこれだ!

短母音	[ɑ] [æ] [ʌ] [i] [u] [e]
長母音	[ɑ:] [ə:r] [i:] [u:] [ɔ:]
二重母音	[ai] [ei] [ɔi] [au] [ou] [iər] [uər] [eər] [ɑ:r] [ɔ:r]
三重母音	[aiər] [auər]
あいまい母音	[ə]
かぎ付きあいまい母音	[ər]

でも、この中で日本語と全然違う発音をするのはたったの4つ。

短母音	([ɑ]) ([æ]) [ʌ] [i] [u] [e]
長母音	[ɑ:] [ə:r] [i:] [u:] ([ɔ:])
二重母音	[ai] [ei] [ɔi] [au] [ou] [iər] [uər] [eər] [ɑ:r] [ɔ:r]
三重母音	[aiər] [auər]
あいまい母音	([ə])
かぎ付きあいまい母音	[ər]

これらは筋肉の使い方が日本語とは違うので、口の形からしっかりおさえていかなければいけない。さあ、いってみよう!

日本語とかけ離れた母音4個

1　[æ] しゃくれの「あ」
2　[ɑ] あくびの「あ」
3　[ɔ:] 大口の「お」
4　[ə] あいまい母音

鬼の発音のコツ

1 母音 [æ]
しゃくれの「あ」

↑開ける
しゃくれた口で！
←引く　→引く
↓開ける

もっとも英語らしい音の1つだね。**筋肉を使う音なので、とても強くねっとりとした音。**

まず、口を左右に引こう。
ただ口を横に引くと口が横につぶれがちなので、ちゃんと縦に開くことも意識してください。
某伝説的プロレスラーとか、しゃくれた人のモノマネをしている時のイメージ。だけど、あくまで口の形の話だからあごまで突き出しちゃだめだよ。

「あ」と「え」の中間の音だけど、「え」だと割り切って発音した方が上手くいくよ！

TRICK －コツ－

口を横に引き、縦にも少し開けて「え」と発音

EXAMPLE －例－

TRACK 3

Words

man 男性
[mǽn] めぇん

bad 悪い
[bǽd] べぇっ

narrow 狭い
[nǽrou] ねぇうろう

apple りんご
[ǽpl] えっぽぅ

map 地図
[mǽp] めぇっぶ

satisfaction 満足
[sǽtisfǽkʃən] さぇてぃすふぇくしゅん

Sentences

Are you mad at me?
[ə jú: mǽd ət mə] ぁ ゅ めぇっだっ みぃ?
怒ってる？

It's good to be back in Japan.
[əts gúd tə bə bǽk ən dʒəpǽn] いつ ぐっ とぅ び べぇっけん じぺぇん
日本に帰ってくるのはいいなあ。

Notes

他にもしゃくれの「あ」を見つけたら書きこもう！

鬼の発音のコツ

2 母音 [ɑ]
あくびの「あ」

↑ 大きく開ける

ふぁ～あ

↓ 大きく開ける

口に指が縦に2本入るほど大きく開けて「あ」と発音してみよう。実際に指を2本入れてみよう。口が開かないって？
その場合は**あくびのマネをしてみよう。**「あ～あ」って。あくびをする時ってかなり大きく口が開くよね。
あれは血液の酸素の運搬率が悪い時に、体が体内に酸素をとりこもうとする生理現象なんだ。だから自然と大きーく口が開く。それをイメージすれば必ず開くはず！

TRICK ―コツ―

あくびをイメージ。
指を縦に2本入るほど開けて「あ」

EXAMPLE ―例―

TRACK 4

Words

stop 止まる
[stάp] すたぁっ

approximately おおよそ
[əprάksəmətli] ぁぶらぁっくすぃめっりー

document 書類
[dάkjumənt] だぁきゅむん

positive 前向きな
[pάzətiv] ぱぁずぃりˊぅ

pollen 花粉
[pάlən] ぱぁるん

compromise 妥協
[kάmprəmàiz] かぁんぷらまいず

Sentences

Could I get one hot coffee?
[kəd ə gét wʌ́n hʌ́t kʌ́fi] くだげっ ぅわん はぁっ かぁふぃー?
ホットコーヒーを1杯いただけますか?

That's not possible!
[ðæts nʌ́t pʌ́səbl] でつ なぁっ ぱぁすぃぼぅ
それは無理だ!

Notes

他にもあくびの「あ」を見つけたら書きこもう!

鬼の発音のコツ

3 母音 [ɔː] 大口の「お」

↑大きく開ける

たまご型！　　　唇キンチョー

↓大きく開ける

まず、日本語で「お」って発音してみよう。この時、口に力が入っているはず！
その口に力が入った「お」の状態で、指が2本縦に入るほど口を大きく開けて、「お」と発音しよう。実際に指を2本口に入れてみて！

あくびの「あ」[ɑ]と似ているけど、違いは**唇に力が入っている点**だね。しっかりと縦長に口を開けよう！

ちなみにこの音はカナダには存在しなくて全部あくびの「あ」に置きかえられるよ。
つまり、**大口の「お」はアメリカ〜ンな母音**だね。

TRICK ―コツ―

口に指が2本縦に入るほど大きく開けて「お」

EXAMPLE ―例―

TRACK 5

Words

w<u>a</u>lk 歩く
[wɔ́ːk] うわぁく

th<u>ou</u>ghtful 思慮深い
[θɔ́ːtfəl] さぁっふぉぅ

d<u>au</u>ghter 娘
[dɔ́ːtər] だぁらー

ch<u>o</u>colate チョコレート
[tʃɔ́ːkələt] ちゃぁくれっ

s<u>au</u>ce ソース
[sɔ́ːs] さぁす

l<u>a</u>w 法律
[lɔ́ː] らぁー

Sentences

You <u>a</u>ll need to p<u>au</u>se for a minute.
[jə ɔ́ːl níːd tə pɔ́ːz fər ə mínit] ゅわぁう にぃーっ た ばぁーず ふぁら めねっ
みんなちょっと待って。

Can I t<u>a</u>lk with you?
[kən ə tɔ́ːk wəð jə] くない たぁーっ ぅいじゃ
ちょっといいかな？

Notes

他にも大口の「お」を見つけたら書きこもう！

鬼の発音のコツ

4 母音 [ə]
あいまい母音

だらーん　　　　　　　　　やる気なーし

これは単語や文章でもちゃんと発音しないところで暗躍する母音で「あいまい母音」と呼ばれるものだ。
例えば、サラダ。日本語だったらサ sa ラ la ダ da ってちゃんと一つひとつの音を丁寧に平等に発音するよね。でも、英語だったら [sǽ ləd] という具合に前半のメインの音は正確に、後半の母音はあいまいに発音されるんだ。この後半部分があいまい母音！

では、あいまい母音 [ə] の出し方を説明します！
まずは口の力を抜いてみよう。**口の力を抜くと口は半開きになる**と思うんだけど、口の力を抜いたまま、唇を動かさずに「う」って言ってみよう。
よだれが出そうなくらいボーッとしてる時の緩んだ口でなんとなく出す音だと思えばイメージがわきやすいはず！

TRICK -コツ-

よだれが垂れそうな口でそのまま「う」

EXAMPLE -例-

TRACK 6

Words

lem<u>o</u>n レモン
[lémən] れむん

c<u>o</u>nvince ～を説得する
[kənvíns] くんゔぃんす

c<u>o</u>mputer パソコン
[kəmpjúːtər] くんぴゅーらˊー

f<u>a</u>mily 家族
[fǽməli] ふぇむりー

chick<u>e</u>n チキン
[tʃíkən] ちくん

v<u>a</u>nill<u>a</u> バニラ
[vəníl<u>ə</u>] うにらˊ

Sentences

C<u>a</u>nad<u>a</u> <u>i</u>s fam<u>ou</u>s f<u>o</u>r salm<u>o</u>n.
[kǽnədə əz féiməs fər sǽmən] きゃなだ いず ふぇいむす ふぉ せぁむん
カナダはサーモンで有名です。

<u>I</u>t w<u>a</u>s <u>a</u>n acc<u>i</u>d<u>e</u>nt.
[ət wəz ən ǽksədənt] いっ わずぁんえぇくすどぅん
不慮の事故だよ。

Notes

他にもあいまい母音を見つけたら書きこもう！

日本語に似ているけど少し違う母音4個

続いて、日本語の母音に似ているけど、ちょ〜っとだけ違うからおさえてほしい母音の出し方のコツを紹介しましょう。

コツは本当にちょっとしたことなんだ。似ているからこそコツをつかみにくい……。

でも、知ってしまえば調整はすごく簡単！ ここをマスターすると、「あ、この人の英語、なんかイケてる」って思ってもらえるよ。

さあ、ワンランク上の英語をお気軽に手に入れていこう！ 英語はシンプルに楽しく、そして実用的に。
それが「鬼発音」のモットーだ！

日本語に似ているけど少し違う母音4個はこちら！

短母音	[ɑ] [æ] ([ʌ]) ([i]) ([u]) ([e])
長母音	[ɑ:] [ə:r] [i:] [u:] [ɔ:]
二重母音	[ai] [ei] [ɔi] [au] [ou] [iər] [uər] [eər] [ɑ:r] [ɔ:r]
三重母音	[aiər] [auər]
あいまい母音	[ə]
かぎ付きあいまい母音	[ər]

日本語と似ている母音4個

5 　[ʌ] 低めの「あ」
6 　[i] 口を引かない「い」
7 　[e] ちょっと大きめに開ける「え」
8 　[u] 口の力を抜いた「う」

差が出るポイント！

鬼の発音のコツ

5 母音 [ʌ]
低めの「あ」

口は
リラックス

お腹の底から
しっかりとぉ〜！

[æ ɑ ɔ: ʌ ə] 等「あ」に相当する音はたくさんあるけど、その中でも**日本語の「あ」に一番近いのがこれです。**まず、日本語の「あ」を発音してみよう。この時、ちょっと意識的に口を開けて発音している感覚があるはず。

一方で、[ʌ] は口の力を抜いて唇が半開きのままで「あ」と発音する。注意したいところは、**口の力は抜くけど発声はしっかりと！**

日本語の「あ」より若干「う」が混ざったような低めの音になっていればコツをつかんでいる証拠！

半開きでぁ

TRICK —コツ—

口は半開きでお腹の底からしっかりと「あ」と発声

EXAMPLE —例—

🔊 TRACK 7

Words

lo**ve** 愛
[lʌ́v] らぅ

su**bstitute** 〜を代用する
[sʌ́bstətjùː] さっすてぃちゅー

mo**nth** 月
[mʌ́nθ] まんす

hu**g** 抱擁
[hʌ́g] はっ

Mo**nday** 月曜日
[mʌ́ndei] まんでぃ

tou**gh** きつい
[tʌ́f] たふ

Sentences

Cu**t the crap. It's not even f**u**nny.**
[kʌ́t ðə krǽp əts nát íːvən fʌ́ni] かっだ くれあっ いつなりぃぶん ふぁにー
余計なことはいいから。笑えないし。

You mu**st not t**ou**ch it.**
[jə mʌ́st nát tʌ́tʃ ət] ゅ ますっ なっ たっちぇ
絶対に触ってはいけません。

Notes

他にも低めの「あ」を見つけたら書きこもう！

STAGE 1 日本語にはない母音 17 個

53

6 母音 [i] 口を引かない「い」

鬼の発音のコツ

横に引かない！

この短い [i] だけど、これは日本語の「い」とはちょっとだけ違うんだ。
何が違うかっていうと日本語の「い」みたいに口を左右に引かないところ。
口を横に引かないで「い」って言える？ やってみると**「い」にちょっと「え」が混ざったような音**になる。

例えば、ship だったら「しっぷ」というより「しぇっ（ぷ）」に近い音になる。
ちょっとした違いなんだけど、ここで差がつくよ！

TRICK ―コツ―

口の左右を引かずに「い」

EXAMPLE ―例―

🔊 TRACK 8

Words

si**t** 座る
[sɪt] せっ

admi**nistration** 運営
[ædmɪnəstréɪʃən] あっめねすちゅれぃしゅん

En**glish** 英語
[ɪŋɡləʃ] えんぐれっしゅ

mi**nute** 分
[mɪnət] めねっ

bri**ng** ～を持ってくる
[brɪŋ] ぶぅれんっ

ri**p off** ぼったくり
[rɪp ɔ́ːf] うれっぱぁふ

Sentences

That's i**t.**
[ðǽts ɪt] でぇっつぇっ
以上です。

I'm on a bu**siness tr**i**p.**
[ə m ɑ́n ə bɪznəs trɪp] あ まぁな べずぬす ちぅれっ
出張で来ています。

Notes

他にも口を引かない「い」を見つけたら書きこもう！

鬼の発音のコツ 7

母音 [e] ちょっと大きめに開ける「え」

↑ 開ける

Japanese「え」より大きめに！

↓ 開ける

これは日本語と一緒って思って大丈夫です！
でも、「細部の細部までこだわりたい！」、そんな発音マニアなあなたは [e] を発音する時は日本語の「え」を発音する時よりも気持ち縦に開いてみよう！

日本語よりちょっと大きめに開ければいいだけ！
「え」

ささいな違いだけど、これで発音が一気にネイティブ級になるよ！

TRICK —コツ—

ちょっとだけ口を大きめに
縦に開けて「え」

EXAMPLE —例—

TRACK 9

Words

let 〜させる
[lét] れっ

represent 〜を代表する
[rèprizént] うれぷれぜんっ

weekend 週末
[wíːkènd] ううぃーけんっ

set 〜を準備する
[sét] せっ

best 最高の
[bést] べすっ

text 〜に携帯でメールする
[tékst] てっくす

Sentences

Whenever you are ready.
[wenévər jə ər rédi] ううぇねば いゅあうれでぃ
いつでもどうぞ。

Let me get this straight.
[lét mə gét ðəs stréit] れっみ げっでぃすちゅれいっ
言っておくけど。

Notes

他にもちょっと大きめに開ける「え」を見つけたら書きこもう！

鬼の発音のコツ

8 母音 [u]
口の力を抜いた「う」

丸めすぎなーい！

この [u] は**日本語の「う」ほど口を丸めない**のがポイントです。
そして、**パッと短く歯切れよく発音**しよう。
「う」と「あ」の中間のような音になるよ！

そうすると、コツ4のあいまい母音 [ə] に似ている部分があるけど、あいまい母音より少し口を丸める。そして、しっかりと発声しよう！

TRICK —コツ—

口はリラックスして「う」

EXAMPLE —例—

TRACK 10

Words

f<u>u</u>ll いっぱいの
[fúl] ふぅ

p<u>u</u>sh 押す
[púʃ] ぷっしゅ

g<u>oo</u>d いい
[gúd] ぐっ

h<u>oo</u>k フック
[húk] ふっ

l<u>oo</u>k 見る
[lúk] るっ

c<u>oo</u>k ～を調理する
[kúk] くっ

Sentences

That's b<u>u</u>llshit!
[ðǽts búlʃit] ぜぁっつ ぶぅしぇっ
うそつけ！

Don't be a p<u>u</u>ssy.
[dóunt bíː ə púsi] どぅんっ びぃゃ ぷすぃー
ビビるなよ。

Notes

他にも口の力を抜いた「う」を見つけたら書きこもう！

[r]が関わってくる母音9個

母音の直後に表記されている[r]はその直前の母音とセットで発音する母音の一部なんだ。これは日本語にはない強烈な音で、マスターできれば、いろんな発音が一気によくなるんだけど……。この音を出すには普段日本語では使わない舌の筋肉を酷使させるので、最初に言っておくと絶対に舌が疲れる！

[r]が関わってくる母音9個
[ɾ] 舌を思いっきり引く音
- ①舌を最初から引く音 ◯
- ②舌を途中から引く音 ◎

短母音	[ɑ] [æ] [ʌ] [i] [u] [e]
長母音	[ɑ:] ([ə:r]) [i:] [u:] [ɔ:]
二重母音	[ai] [ei] [ɔi] [au] [ou] ([iər]) ([uər]) ([eər]) ([ɑ:r]) ([ɔ:r])
三重母音	([aiər]) ([auər])
あいまい母音	[ə]
かぎ付きあいまい母音	([ər])

では、基本的な母音 [r] の音の出し方を説明しましょう。

1. 舌を口の奥へ引く

一言に引くと言っても、どこまでちゃんと引くかが問題です。その基準として次のページの図を参考にしてみよう。舌は出すと長く、細くなるわけだけど、逆に引くと短く、横に太くなる。最大限に奥の方まで引いたまま2へ GO！

2. 舌の位置を確認

舌を思いっきり奥に引いて太らせた時、**舌を少し左右にゆらすだけで上段の歯の両奥歯に舌の両脇があたれば OK。**あたっていなければまだまだたりていない証拠。やってみるとかなり疲れるはず！ でもそれでいい。これに加減なんてものはなくて、これ以上引くと無理！ と思ったところから**さらに 1.2 倍引かないといけない**と常に心がけて実践してください!!
最初はきついけど、それは**日本語に舌を引く音の出し方がなくて、そもそも筋肉ができていないから**なんだ。

体操で前屈ってあるよね。体をここまで曲げてって言われてもすぐはできない。でも 10 分も続ければ大分曲がるようになるし、毎日やっていれば数日でもかなり変わってきます。
同様に、[r] もトレーニング的な要素が大きいので、**毎日意識的に思いっきり「舌を引く」練習を続けること**が大事なんだ！

鬼の発音のコツ 9 母音 [r] 舌を思いっきり引く音

唇はリラックスよ / 奥歯タッチ / 引く / 奥歯タッチ / 結果的に巻かれる / 引く

① 舌を最初から引く音

舌の引き方は前のページを見てください。では、最初のパターンから説明しよう。**ストレスのかかっている [əːr] とそうでない [ər]、これらは舌を引いてから出る混じり気のない音なので、一気に引きます！**

どういうことかというと、なんらかの母音の音を出しながら引いたのではだめってこと。「音を出しながら変化が伴う」のは次に紹介する二重母音や三重母音の場合です。

付属のCDもしっかりチェックして自分で音を出せるようにしよう。これはコツというよりは筋肉を鍛えなくてはいけないレベルの話なので、簡単ではないよ。でもあきらめずに練習すれば必ず出せる！

TRICK -コツ-

舌の両脇が上の歯の奥歯にあたるほど一気に引く

EXAMPLE -例-

TRACK 11

Words

work 働く
[wə́ːrk] ぅぅーっ

purse ハンドバッグ
[pə́ːrs] ぷーす

dirt 土
[də́ːrt] どぅーっ

Thursday 木曜
[θə́ːrzdei] すーずでぃ

first 一番の
[fə́ːrst] ふーすと

turn 曲がる
[tə́ːrn] とぅーん

Sentences

Happy birthday my man!
[hǽpi bə́ːrθdèi mə mǽn] へぁっぴー ぶーすでぃ ま めぇん
友よ、誕生日おめでと！

Can I have a word with you?
[kən ái hǽv ə wə́ːrd wíð jə] くない へぇヴぁ ぅぅーっ ぅぇっ じゅ
ちょっといいかな？

Notes

他にも舌を最初から引く音を見つけたら書きこもう！

STAGE 1 日本語にはない母音17個

② 舌を途中から引く音

さあ、今度は「母音＋[r]」のパターンでも音を出している途中から舌を引く音です。[ər]もしくは[r]の前の音をまず出して音を出しながら舌を引いていく。声を出しながら音が変化していく感じだね。

途中から舌を引く母音　一覧
[iər] [uər] [eər] [ɑːr] [ɔːr] [aiər] [auər]

これらの音をきちんと出すには……。

[ər]もしくは[r]の直前の母音の音をしっかりと出す
↓
その音を途切れさせずに、そのまま舌を奥に引っ張っていく
([ər]もしくは[r]は舌を引いていくというサイン)

実際に発声すると音が変化していくので、「二重母音」、「三重母音」と呼ばれているよ。

最終的には舌をちょっと左右に動かしただけで舌の両脇が上の歯の奥歯にあたるくらいきっちり引く。
焦らなくていいので、ゆっくり正確に発音しよう。

TRICK －コツ－

まず純粋に母音の音を出して途中から舌を引いていく

EXAMPLE －例－

TRACK **12**

Words

car 車
[káːr] かぁー

tour ツアー
[túər] とぅー

organize ～を手配する
[ɔ́ːrgənàiz] おーぐないず

near ～に近い
[níər] にぃぁー

fair 公平な
[féər] ふぇー

higher もっと高い
[háiər] はぃゃー

Sentences

Good morning!
[gúd mɔ́ːrniŋ] ぐっ もーにんっ
おはよう！

That's a smart move.
[ðǽts ə smɑ́ːrt múːv] でぁっつぁ すまーっ むぅーヴ
賢い行動だねぇ。

Notes

他にも舌を途中から引く音を見つけたら書きこもう！

母音は大事だよ
こうして最初のレッスンが終わった。まさか「あ」だけで5つもあろうとは…
そっかぁ。私ね、昔こんなことが……。
そういえば…
How long do you have to walk?
(どのくらい歩くの?)
え?「はうろんぐどぅーゆーはふとぅーわーく?」work =「働く」かぁ。
About 8 to 9 hours!
(大体8～9時間くらい!)
Whaaaaat!?
ビクッ
Do you live on top of a mountain or something?
(なにぃ!? 山の頂上にでも住んでるの?)
Oh…
なんてことがあったんだー。あはは。でも、もう大丈夫!
パチ
パチ
今はもう大丈夫!
パチパチ
パチ

STAGE 2

日本人が苦手な子音10個

STAGE 2
日本人が苦手な子音10個

さて、お次は子音です！
子音とは口の中で空気の流れを妨害することによって発する音です。簡単に言うと母音[a i u e o]以外のアルファベットの音なんだけど、まずはアルファベットを全部挙げてみよう！

abcdefghijklmnopqrstuvwxyz

母音以外の、オレンジの部分が子音だね。
その数21個！ 結構あるね……。

でも、慌てなくて大丈夫！
ここでおさえておきたいのは、**日本語にはない発音の仕方をする子音**です。当然そういったものはコツをおさえないと上手く発音できないんだ。

日本語にはない発音の仕方をするのはズバリこちら！

f l r s sh[ʃ] th[θ] th[ð] v w y[j]

「あー、これ上手く発音できない！」っていうのがあるはず！
例えば、「think と sink の発音が一緒になってしまう」、「[r] の発音がどうしても [l] になってしまう」なんていうのはよく聞く悩みだね。

でも、これらもちゃんと音の出し方をコツでおさえていけば大丈夫！ 最初から日本語にはない音なんだから割り切って学んで新しい世界を見よう！

本ステージで日本人が苦手とする子音を一つひとつ音の出し方から理解して、実際に声に出しながらしっかり自分のものにしていこう！

鬼の発音のコツ

10 子音 [θ] "th" 舌と上の歯の「すぁ すぃ すぅ すぇ すぉ」

噛もうとしない！イタイでしょ！

す〜

空気の流れ

th の音。これって難しいイメージかもしれない。
「舌を噛んで発音する」ってよく言われているけど……。でも、噛むと痛いよね。しかも、当たり前なことだけど、そうするとスムーズに音が出せない。

ここで考えないといけないのが、この音がどこから出ているのかということ。上の図を見てみよう。空気は舌の上を通って出てくるんだよね。舌の下は dead end! 行き止まり。
つまり、空気の通り道である舌と前歯があたっていればいいから**無理に「噛もう」なんて思わなくていい**よ。後、この音は空気が擦れる音なので、口の形だけに満足せずしっかりと空気を出し始めてから発音することも大事。
例えば、thing だったら「すーぃんっ」みたいに。じゃないとせっかく口ができていても「てぃんっ」になってもったいない！

TRICK ―コツ―

舌を嚙むのではなく、前歯の下にあてるだけ

EXAMPLE ―例―

🔊 TRACK **13**

Words

thing もの
[θíŋ] すぃん

enthusiastic 熱狂的な
[inθù:ziǽstik] いんすぅずぃえすてぃっ

three 3
[θrí:] すぅりぃー

thirsty 喉の乾いた
[θə́:rsti] すーすてぃ

thermometer 温度計
[θərmámətər] さまぁめらˊー

bath お風呂
[bǽθ] べぇす

Sentences

I thought you'd never say such thing.
[ə θɔ́:t ju:d névər séi sətʃ θíŋ] ぁ さぁーっ いゅっ ねヴぁー せい さっち すぃん
あなたがそんなことを言うとは思わなかった。

I'm thrilled with honor.
[əm θríld wəð únər] ぁむ すぅりるっ うぃずぁぬー
光栄で身が震える思いです。

Notes

他にも舌と上の歯の「すぁ すぃ すぅ すぇ すぉ」を見つけたら書きこもう！

鬼の発音のコツ

11 子音 [ð] "th" 舌と上の歯の 「ずぁ ずぃ ずぅ ずぇ ずぉ」

舌は前歯に あてるだけ！

ず〜

これも th の音だね。これは前項の [θ] が濁ったものだよ。
基本的には [θ] と同じ音の出し方なんだけど、今度は声帯を使って音を濁らせたもの。
[θ] の時に「す」と発音していたのに対して、[ð] と同じ口と息の出し方のまま、「ず」と発音しよう！
息を流し始めてから音を出すことも忘れずに！ CD の音声も役立つので参照してね！

[θ] を濁らせたのが [ð] なんだ！

TRICK ―コツ―

前歯の下に舌をあてて「ず」と発音

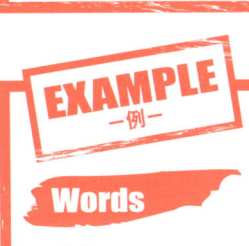

EXAMPLE ―例―

TRACK **14**

Words

<u>th</u>is これ
[ðís] でぃす

<u>th</u>at それ
[ðǽt] ぜぁっ

o<u>th</u>erwise さもなくば
[ʌ́ðərwàiz] あずぅわぃず

fa<u>th</u>er お父さん
[fáːðər] ふぁーずー

mo<u>th</u>er お母さん
[mʌ́ðər] まずー

ba<u>th</u>ing suit 水着
[béiðiŋ súːt] べぃずぃん すぅー

Sentences

<u>Th</u>ere is no such thing.
[ðər iz nóu sətʃ θíŋ] ぜぅりず のぅ さっち すぃん
そんなもの存在しない。

Can I get one of <u>th</u>ose?
[kən ai gét wán əv ðóuz] くなげっ っうわな ぞぅず
それ1つください。

Notes

他にも舌と上の歯の「ずぁ ずぃ ずぅ ずぇ ずぉ」を見つけたら書きこもう！

STAGE **2** 日本人が苦手な子音10個

鬼の発音のコツ

12 子音 [r] たこちゅーの「ぅら ぅり ぅる ぅれ ぅろ」

- ちゃんと舌を引こう！
- ぶちゅー
- おれが手本だ！
- イェイイェイ

まず、STAGE 1 の母音でやった [r] の音の出し方を思い出してみよう。とにかく舌を引くんだったよね。

さあ、今回の子音としての [r]（[r] の後に母音がきているパターン）は舌を引いただけでは発音できないんだ。

コツは、まず舌を思いっきり引いて**たこみたいに口をすぼめて「う」の口を作った状態で「うー」とこもった音を出す**。

そして、そのまま後に続く母音を発音するんだ。ちなみに母音を発音している時は舌は引かないので、引きっぱなしにならないように注意です。

例えば、red だったら「ぅれっ」と発音すればいい。

出だしは口がすごくとがって、舌も引かれているけど、「え」[e] の部分では唇も舌も既にリラックスしているよ〜。

TRICK ーコツー

舌を引いて、口をすぼめた「う」の口から発音

EXAMPLE ー例ー

TRACK **15**

Words

rise　上がる
[ráiz] ぅらぃず

reimbu**r**se　〜を返済する
[rì:imbə́:rs] ぅりぃいんぶーす

reg**r**et　後悔
[rigrét] ぅりぐぅれっ

train　電車
[tréin] ちゅれぃん

g**r**eat　すばらしい
[gréit] ぐぅれぃっ

ze**ro**　ゼロ
[zírou] ずぃうろぅ

Sentences

That's a pr**icy** **r**estau**r**ant.
[ðǽts ə práisi rést(ə)rənt] でぁっつぁ ぷぅらいすぃー ぅれすちゅうるん
それは高価なレストランだね。

I'm ver**y so**rr**y about that.**
[əm véri sári əbáut ðǽt] ぁむ べぇうりー さぁうりーゃばうっ ぜぁっ
それは本当にごめんなさい。

Notes

他にもたこちゅーの「ぅら ぅり ぅる ぅれ ぅろ」を見つけたら書きこもう！

13 子音 [l] 舌ったらずの「らりるれろ」

前歯のウラだ

「[r] の発音が [l] になっちゃう」ってよく聞くんだけど、それもそのはず、日本語の「らりるれろ」はこの [l] の発音に近いからね。だけど、近いだけでちょ〜っと違うから気を付けよう。
[l] の出し方でおさえておきたいパターンは2つあります。

① [l] の後に母音がある場合（lemon, lots of など）

まず、日本語で「らりるれろ」と発音してみよう。すると、舌の先は口内の天井のあたりを触っていると思います。

[l] の発音はその舌の先があたる位置を下げる。**舌の先がちょうど前歯の裏にあたるように la li lu le lo と発音**してみよう。
日本語の「らりるれろ」よりも、少し舌ったらずな感じをつかもう！

TRICK ーコツー

舌の先が前歯の裏にあたるように「らりるれろ」

EXAMPLE ー例ー

🔊 TRACK **16**

Words

luck 運
[lʌ́k] らっ

co**ll**ar 襟
[kάlər] こらー

g**l**ass ガラス
[glǽs] ぐれぇあす

lucrative 利潤の高い
[lúːkrətiv] るくれりぅ

p**l**us プラス
[plʌ́s] ぶらす

phi**l**osophy 哲学
[filάsəfi] ふぃらぁすふぃー

Sentences

I'm so glad you told me.
[əm sóu glǽd jə tóuld mə] ぁむ そう ぐれぇっ いゅ とうっ み
言ってくれてよかった。

Please be careful.
[plíːz bə kéərfəl] ぷりぃーず び けぁふぉぅ
気を付けてね。

Notes

他にも舌ったらずの「らりるれろ」を見つけたら書きこもう！

② [l] の後に母音がない場合（hotel, table など）

①は la li lu le lo みたいに後ろに母音があるパターンだったけど、今度は call や feel など "l" で音が終わる場合もマスターしよう。これはなかなか難しいぞ。

日本語はどんな音も母音とセットで発音するから感覚がつかみにくいんだよね。

例えば、la の発音、落ち着いて考えてみると前歯の裏にくっついた舌が歯から離れた時に母音の音が出る。じゃあ答えは簡単。
[l] で終わる音は舌を前歯の裏につけたまま離さなければいい！
舌を前歯につけたまま「うー」と言ってみよう。
これが [l] だけの音！

というわけで、call だったら「かーぅ」。
feel だったら「ふぃーぅ」といった感じで舌を前歯の裏につけたまま発音を終わらせよう。

※ table の "e" が母音ではない理由は p.96 鬼の発音のコツ 20 参照

TRICK ―コツ―

単語の最後がlの場合は、舌を前歯の裏につけたまま発音を終わらせる

EXAMPLE ―例―

🔊 TRACK 17

Words

call ～に電話する
[kɔ́ːl] かぁーぅ

E-mail Eメール
[íːmeil] いいめいぅ

middle 真ん中
[mídl] めどぅ

fool ばか
[fúːl] ふぅーぅ

sell ～を売る
[sél] せぅ

file ファイル
[fáil] ふぁいぅ

Sentences

Tell **me how you fee**l.
[tél mə háu jə fíːl] てぅ み はぅ いや ふぃーぅ
気分はどう？

That's so cool!
[ðǽts sóu kúːl] ぜぁっつ そぅ くぅーぅ
超かっこいいじゃん。

Notes

他にも舌ったらずの「ら り る れ ろ」を見つけたら書きこもう！

STAGE 2 日本人が苦手な子音10個

鬼の発音のコツ

14 子音 [w] たこちゅーの「ゥワ ゥイ ゥウ ゥエ ゥオ」

ぶっちゅー

また会ったね

[w] は口をぎゅっとすぼめた子音。
必ずたこみたいに口を前に突き出して発音しよう。

日本人の多くが発音できないのが、木材という意味の wood の発音。「うっど」になってしまいやすいんだ。[w] を甘く見ちゃいけない。発音記号は [wúd]。しっかりと口をすぼめた [w] の口からそれほど口をすぼめない [u] の口につながるから「ゥわっ」という途中で音が変化するような音になる。

この **[w] の音は子音の [r] の舌を引かない音とも言えます。**
つまり、子音の [r] をきれいに発音できたら、[w] は舌を引かないだけなので楽勝だ！ 既にやった子音の [r] を参照してみてね。

TRICK —コツ—

口をすぼめた「う」の口から発音

EXAMPLE —例—

TRACK **18**

Words

would ～するかも
[wəd] ぅわっ

welfare 福祉
[wélfèər] ぅうぇるふぇー

walk 歩く
[wɔ́ːk] ぅわぁーっ

wish 願う
[wíʃ] ぅういっしゅ

wow わお
[wáu] ぅわう

white 白い
[wáit] ぅわいっ

Sentences

That will work.
[ðət wəl wə́ːrk] でぇっ ぅおぅ ぅわーっ
それで上手くいく。

What a waste!
[wʌ́t ə wéist] ぅわらぇ ぅえぃすっ
超無駄じゃん。

Notes

他にもたこちゅーの「ぅわ ぅい ぅう ぅえ ぅお」を見つけたら書きこもう！

鬼の発音のコツ

15 子音 [f] 下唇の「ふぁ ふぃ ふぅ ふぇ ふぉ」

空気もれてる？　　ふー

[f] の音は結構あなどりがちなので気を付けてください！
日本語で「ふぁ ふぃ ふぅ ふぇ ふぉ」というふうになんとなく [f] っぽく発音できるので、そんなもんだろうと思ってしまうかもしれない。

でも、これは必ず**前歯を下唇にあてて息を出しながら発音しないといけない**んだ。このこすれる息の音が出ないと [f] にならない。
続く母音の音が出る時に、前歯から解放された下唇がプルンッと出るイメージです。
ちょっとあてるだけでいいので、実際に声に出して慣れましょう。

TRICK —コツ—

前歯を下唇にあてて、空気を出しながら発音

EXAMPLE —例—

🔊 TRACK **19**

Words

fun 楽しい
[fʌ́n] ふぁん

fantastic すばらしい
[fəntǽstik] ふんてぇぁすてっ

p**h**oto 写真
[fóutou] ふぉうろ́ぅ

fish 魚
[fíʃ] ふぃっしゅ

di**ff**erent 違う
[dífərənt] でぃっふれんっ

i**f** もし〜ならば
[íf] えふ

Sentences

You are on fire!
[jə ər ən fáiər] ゆわうろん ふぁいぁ
ノリにノッてるねぇ！

You'll get free food with the fifth stamp.
[jəl gét frí: fú:d wəð ðə fífθ stǽmp] いゅるげっ ふうりー ふうーっ ういっ だ ふぃふすてぇんっ
5つめのスタンプで一品無料になります。

Notes

他にも下唇の「ふぁ ふぃ ふぅ ふぇ ふぉ」を見つけたら書きこもう！

鬼の発音のコツ

16 子音 [v] 下唇の「ヴぁ ヴぃ ヴぅ ヴぇ ヴぉ」

"f"と同じだ
空気をもらして！

ヴー

さあ！ [v] の音でございます。
これは [b] と区別して発音するのが難しいイメージがあるけど、
コツは [b] と似ていると思わないこと。

では、[v] は [b] ではなく、どの子音に似ているのか？
答えは [f] です。
[v] は [f] と全く同じ音の出し方＋声帯を使っている音なんだ。
[f] を声帯を使って濁らせたのが [v]。 同じ原理で [p] を濁らせたのが [b]。[t] を濁らせたのが [d]。これらは全て音を濁らせているかどうかの違いなんだ。
[f] の口で「ふー」と発音するのを「ぶー」と言ってみよう。
唇と唇が離れた瞬間に単発的に出る [b] と違って、**空気の摩擦から出る音、[v]** をよろしくお願いします！

TRICK ーコツー

[f] が濁った音なんだと認識！

EXAMPLE ー例ー

🔊 TRACK 20

Words

Vancouver バンクーバー
[vænkúːvər] ゔぇんくぅゔぁー

save 〜を守る
[séiv] せいゔ

provide 〜を提供する
[prəváid] ぷらゔぁいっ

crave 渇望する
[kréiv] くぅれいゔ

voltage 電圧
[vóultidʒ] ゔぁるとぅっじ

victory 勝利
[víktəri] ゔぃっちゅりー

Sentences

You are brave.
[jə ər bréiv] いゅわ ぶぅれいゔ
勇気があるな〜。

That's the best vest I've ever seen!
[ðǽts ðə bést vést əv évər síːn] でぇあっつぁ べすっ ゔぇすたいべぇば すぃーん
それおれが見たベストの中で一番！

Notes

他にも下唇の「ゔぁ ゔぃ ゔぅ ゔぇ ゔぉ」を見つけたら書きこもう！

鬼の発音のコツ

17 子音 [j] "y" 舌を緊張させた「ぃや ぃい ぃゆ ぃえ ぃよ」

舌の緊張感！
引く　引く
上げる
引く

これは発音記号は [j] だけど、つづりだと "y" の発音だよ。つかむととっても英語らしい音が出るので要チェ〜ック！
まず、舌の緊張感をおさえるところから。日本語で「い」って言ってみよう。この時、舌はリラックスしているはず。では、もうちょっと食いしばるように「ぎぃー」って言ってみよう。
その時に舌がちょっと口の中の奥&上の方に近づいているはず。この舌の緊張感を図と自身の感覚でつかんで！ そして、その状態で「ぃいー」と発音してほしい。そこから舌の緊張を開放するかのように「あ」と言ってみると「ぃい〜やっ」ってなるはず！
この**緊張させる感覚こそが "y" をきれいに発音するコツ**！
例えば、yes も「いえす」ではなく舌を緊張させて「ぃぃぇす」。yo も「よー」ではなく「ぃよう！」。「ぎぃよう」の舌の緊張感で音を濁らせないって言うとわかりやすいかな？

TRICK —コツ—

「ぎぃー」ばりに舌を緊張させて「いいー」

EXAMPLE —例—

🔊 TRACK 21

Words

yeah うん
[jéə] いえぁ

yesterday 昨日
[jéstərdèi] いえすたでぃ

yogurt ヨーグルト
[jóugərt] いようぐー

year 年
[jíər] いゆー

yellow 黄色
[jélou] いえろう

yes はい
[jés] いえす

Sentences

You are the one.
[jə ər ðə wʌ́n] いゆぁ だ ぅわん
君こそふさわしい。

Yo! What's up?
[jóu wʌ́ts ʌ́p] いようぅ ぅわっつぁっ
うっす！いいことあった？

Notes

他にも舌を緊張させた「いや いい いゆ いえ いよ」を見つけたら書きこもう！

STAGE 2 日本人が苦手な子音10個

鬼の発音のコツ

18 子音 [s] 舌先が真ん中の「すぁ すぃ すぅ すぇ すぉ」

すー

舌先が歯と歯の間くらい

これは歯と歯を閉じて「すー」と発音しよう。
この時、舌はリラックスしています。そして、**舌の先は上の歯と下の歯の境目くらいにある**はず。
例えば、sit だったら「すー」[s] から「い」[i] につながるので「すぃっ」。「しっと」じゃないからね！

sit は『すぃっ』

GREAT!

こういうカンジが舌先はリラックス〜

TRICK —コツ—

歯と歯を閉じて「すー」と発音

EXAMPLE —例—

TRACK **22**

Words

sit 座る
[sít] すぃっ

smile 微笑む
[smáil] すまぁいぅ

scene 場面
[síːn] すぃーん

subscribe 定期購読する
[səbskráib] さっすくぅらぁいっ

single 独り身の
[síŋgl] すぃんぐぅ

city 都市
[síti] すぃりー

Sentences

Here, please have a seat.
[híər plíːz hǽv ə síːt] ひぁ ぷりぃーずぁぅぁ すぃーっ
どうぞ、座ってください。

I'm so pissed off.
[əm sóu píst ɔ́ːf] ぁむ そぅ ぴすだぁふ
超腹立つんですけど。

Notes

他にも舌先が真ん中の「すぁ すぃ すぅ すぇ すぉ」を見つけたら書きこもう！

STAGE 2 日本人が苦手な子音10個

鬼の発音のコツ

19 子音 [ʃ] "sh" 舌先が上を向く 「しゃ しぃ しゅ しぇ しょ」

上げる
しー
舌先がちょっと上向き

発音記号は [ʃ] だけど、つづりで言うと、主に sh のことだと思ってね。これは歯と歯を閉じて「しー」と発音。**舌は少し緊張していて、舌の先は上の歯と舌の歯の境目よりもちょっと上向きになっている**はず。前項の "s" の音と対比してみよう!「すー」"s" VS 「しー」の "sh" の違いはしっかりつかめてるかな?
座るの sit を「しっと」って言うと shit「クソ」になるので注意!親切のつもりで「ぷりーずしっとひあ」って言ったら「ここにウ〇コしてください」ってお願いしてるようなもの。もちろん親切で言っているのはわかるから笑う人なんて(少なくともバンクーバーには)いないけど、内心面白いしギョッとするからね。
まとめると、スペルから判断できるのでおさえていこう。
"sh"+"i" は「しぃ」。"s"+"i" は「すぃ」!
例えば、she は「しぃー」、sea は「すぃー」となります!

TRICK —コツ—

歯と歯を閉じて「しー」と発音

EXAMPLE —例—

🔊 TRACK 23

Words

she 彼女
[ʃíː] しぃー

shop 店
[ʃáp] しゃぁっ

shingles 帯状疱疹
[ʃíŋɡlz] しんぐぅず

ship 船
[ʃíp] しっ

di**sh** 料理
[díʃ] でぃっしゅ

ma**ch**ine 機械
[məʃíːn] むしぃーん

Sentences

She was so **sh**ocked.
[ʃə wəz sóu ʃákt] し うず そぅ しゃぁっ
彼女はすごく衝撃を受けていた。

Shut the front door.
[ʃʌ́t ðə fɹʌ́nt dɔ́ːr] しゃっ だ ふらんっ どー
だまらっしゃい。

Notes

他にも舌先が上を向く「しゃ しぃ しゅ しぇ しょ」を見つけたら書きこもう！

STAGE 2 日本人が苦手な子音10個

さぁ、出せない音はない

こうして僕らは日本語にはない音の出し方を一通り教わった…しかし…

ということは何でも完ぺきに発音できるってこと？

よし！出せない音はもうない！

よっしゃああ
あぁぁ

What about this?

ちゃうちゃう
コレ、言える？

「ふふふ、ぅわっと あばうと　でぃす！」

「ぅわらばうっでぃす」だよ！

それってwaterの出し方と似てる？知りたい！

ちーん

それそれ！知りたかった！

あ……。じゃあワシも知りたかった！

ある意味ここからが本番！ネイティブ級の発音テクを伝授します！

STAGE 3

目からウロコの発音技12

RK ENGLISH

STAGE 3
目からウロコの発音技 12

さあ、本ステージはみなさんの**発音と認識力を次のレベルに押し上げる発音技編**です！
STAGE 1 では母音、STAGE 2 では子音と、日本語にはない音にフォーカスしてこれまで頑張ってきました。
この STAGE ではいよいよ！ **ネイティブは自然に行っているのに、多くの日本人はできていない目からウロコの発音のコツ**をじゃんじゃん伝授していきます！
例えば、音と音がつながって、変化したり、消えたり、濁ったりと……。実は**ネイティブの発音って日本語ではありえない変化のオンパレード**なんだ。
すごく大切なのに、日本ではあまり教わる機会がなかったんじゃないかな。

ここでは、おさえるだけで発音がネイティブのようなリアルでこなれた発音になり、発音が一気にかっこよくなる、そんな発音の「技」を学んでいきましょう！
たくさんの「なるほど！」と「だからか！」が詰まってますよ〜！
そして、そういうものに慣れていくと、リアルな発音に親近感がわき、今までは聞き取れなかった英語もびっくりするくらい耳に入ってくるようになります！

ただ始める前に1点だけ注意！
「これを待ってました！」って人も多いと思うんだけど、
Don't get too excited!
注意しないといけないのが、これはあくまで「こなれた」、「ツウな」発音の仕方であって、できなくても発音は通じるので問題はないということ。
それに対して、**STAGE 1の母音とSTAGE 2の子音はきっちりと再現、発音できないと通じない**ので優先順位は忘れずに！
Welcome to the next level of pronunciation!
それでは、いってみよう！

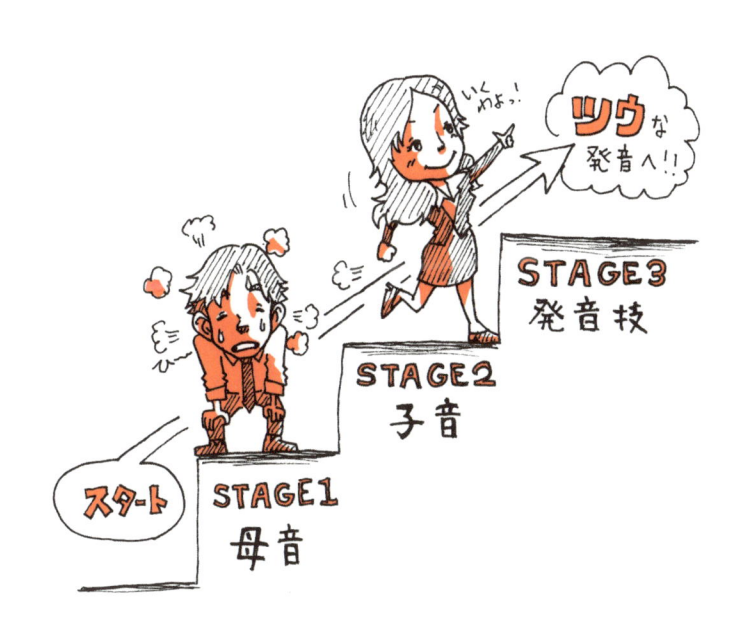

鬼の発音のコツ 20 発音技① 音のない "e"

まずは確認！

mad̶e̶
[meid]

[e] の音がない

今後、色々な発音の話をする前にまずおさえてほしいのがこちら。
単語の最後の "e" は発音しないってこと。
例えば、mad と made。made には最後に "e" がついてるわけだけど、両方とも「めぇっ（ど）」、「めいっ（ど）」と同じ音で終わってるよね。
単語の最後の "e" は母音として機能していないってことを知っておこう。後に、他の発音技とつながってくるからね。

例外　　1つの単語の中に母音が "e" しかないものは例外。
　　　　　発音できなくなっちゃうからね。

me 私　**he** 彼　**she** 彼女　**see** 〜を見る　**be** 〜である
[míː] みー　[híː] ひー　[ʃíː] しぃー　[síː] すぃー　[bíː] びぃー

TRICK —コツ—

英単語の最後の "e" は発音しない！

EXAMPLE —例—

🔊 TRACK **24**

Words

hid<u>e</u> 隠れる
[háid] はいっ

littl<u>e</u> 小さな
[lítl] りろ･ぅ

her<u>e</u> ここ
[híər] ひぃぁー

dud<u>e</u> 野郎
[dú:d] どぅっ

lat<u>e</u> 遅い
[léit] れいっ

Japanes<u>e</u> 日本の
[dʒæpəní:z] じぇぷにぃず

Sentences

I lik<u>e</u> that.
[ə láik ðət] ぁ らいっ でぇっ
いいねえ！

What tim<u>e</u> do you hav<u>e</u> to go hom<u>e</u>?
[wát táim də jə hæv tə góu hóum] ぅわっ たいむ どぅ ゃ へぇふ た ごぅ ほぅむ
何時に帰らないといけないの？

Notes

他にも音のない "e" を見つけたら書きこもう！

21 発音技②
リンキング（子音→母音）

子音 母音
↓ ↓
in English
つながる

「リンキング」とは音がつながって、複数の単語がまるで１つの単語のように発音されること！

どういうことか順を追って説明するね。まず、日本語をアルファベットで表すとこうなるよね。

えいご で しゃ べ ろう
e i go de sha be ro u

このオレンジの下線部の部分が母音です。つまり、**日本語はどの音も必ず母音がセットで音が成り立っている**のがわかるね。
しかし、**英語は子音だけでも音が成立する**んだ。

次のオレンジの部分は子音だけで音が成り立っているよ。

> **英語は子音だけで音が成り立つ**
>
> Let's talk in English.

したがって、英語は子音だけの音で発音できるようになることがすごく大事なんです！ STAGE 2 の「日本人が苦手な子音」をしっかり見直してみてください。

しかし！ 英語も日本語と同じように、**子音から母音はやっぱり相性がよくて発音しやすい**んです。

次項の図で特に注目してほしいのは、"k" から "i" の部分と "n" から "E" の部分。つまり下線を引いた部分です！

> Let's talk in English.

このように、**"k" から "i" の部分は「き」、"n" から "E" の部分は「に」とセットで発音されます。**

まとめると、実際のネイティブ発音はこのようになります！

> **ネイティブ発音**
>
> Let's talk in English.
> れっつたーきにんぐりっしゅ

TRICK —コツ—

子音から母音はセットで発音する！

EXAMPLE —例—

🔊 TRACK 25

Words

look at 〜を見る
[lúk ət] るっくぁっ

go for it 頑張れ
[góu fɔ́:r ət] ごぅ ふぉうれっ

take a look 見てごらんよ
[téik ə lúk] てぃか るっ

run around 走り回る
[rʌ́n əráund] ぅらなぅらうんっ

screwed up むちゃくちゃになった
[skrú:d ʌ́p] すくぅるぅだっ

Sentences

I have an announcement to make.
[ə hǽv ən ənáunsmənt tə méik] ぁ へぇぶんなぅんすむんっ とぅ めいっ
今日は発表があります。

He talks as if he knows everything.
[hə tɔ́:ks əz əf hə nóuz évriθiŋ] ひ たぁくすぁずぃふ ひ のぅぜづりぃせん
彼は何でも知っているかのように話す。

Notes

他にもリンキング（子音→母音）を見つけたら書きこもう！

STAGE 3 目からウロコの発音技12

22 発音技③ リンキング（子音→子音）

鬼の発音のコツ

長めに発音 　　子音　子音

gas station

つながる

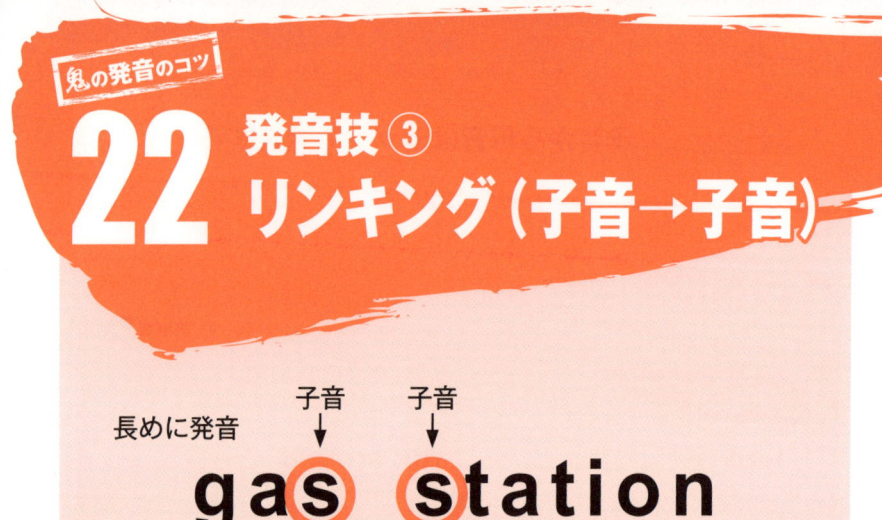

発音技②では音として子音から母音がつながるということをおさえたけど、実は**子音から子音もつながるパターンがある**んだ。そのパターンとは？ 子音にも色々あるから順を追って見ていこう。まず、下のオレンジになっているアルファベットが子音だね。

a**bcd**e**fgh**i**jklmn**o**pqrst**u**vwxyz**

さらに、子音は伸ばせるものと伸ばせないもの2種類にわけることができる。

まずは、伸ばせるものがこちら！

f h j l m n r s v w x y z

これらは口の形がありきで後は空気を流すだけ。
例えば、"f" は前歯を下唇にあてて「ふー」、"h" は「はー」といった具合に発音するんだ。
※ p.82 鬼の発音のコツ 15 参照

それに対して、伸ばせないもの（破裂音）がこちら！

b c d g k p q t

これらの伸ばせない音が、筋肉が動く瞬間に出る単発的な音です。例えば、**"b"** は唇と唇が離れた瞬間に出る「ばっ」、**"t"** は舌の先が前歯の裏から離れる瞬間に出る「たっ」っといった音で伸ばすことができません。

今回のコツにあてはまるのは、前者の伸ばせる方の子音。
伸ばせる同じ音の子音が連続した場合、1つの音になるんだ。

例えば、gas station（ガソリンスタンド）は「がすすてーしょん」とは発音せず、「げぇすてぃしゅん」と発音される。
「す」を2回発音しないで、重なる子音は気持ち長めに伸ばすように心がけよう。

アイススケートは
ice skating!
「あぃすけぃりん」
ホントだ！
「す」が1回！

TRICK ーコツー
重なる同じ音の子音はやや長めに1回にまとめて発音する

EXAMPLE ー例ー

TRACK 26

Words

some more もっと
[sʌ́m mɔ́:r] さむもー

gas station ガソリンスタンド
[gǽs stéiʃən] げぇすてぃしゅん

feel lucky いいことありそう
[fíːl lʌ́ki] ふぃーぅらっきぃー

brighter red より明るい赤
[bráitər réd] ぶらいらˊーぅれっ

ice skating アイススケート
[áis skéitiŋ] あいすけいりん

Sentences

I feel like taking a nap.
[ə fíːl láik téikiŋ ə nǽp] ぁ ふぃーらいっ てぃきんが ねぇぁっ
昼寝したい気分だわ。

His success is surprising.
[həz səksés əz sərpráiziŋ] ひずさくせすいずすぷらいずいんっ
彼の成功には驚きを隠せない。

Notes

他にもリンキング（子音→子音）を見つけたら書きこもう！

鬼の発音のコツ

23 発音技 ④
リンキング（母音→母音）

母音から母音もつながる

母音　母音
↓　　↓
go ahead
つながる

なんと母音から母音もつながるんです！
このコツは2つにわけることができるよ。

① 「い」系の母音から母音につながるパターン

[i] や [i:] などの「い」系の母音の音って口の状態が子音の "y" の出だしと同じ。
※ p.86 鬼の発音のコツ 17 参照

つまり**「い」という音を発音した口の状態は "y" なので、その直後に母音がくる場合は、"y" という子音から次の母音にスムーズにつなげる**。例えば、see it だったら「しー いっと」じゃなくて [síː j ət]「すぃーいえっ」といったように。ちなみに発音記号の [j] は "y" のことだよ～。
※ p.98 鬼の発音のコツ 21 参照

TRICK —コツ—

「い」系の母音から母音は、間に子音 [j] を挟んでつなげる!

EXAMPLE —例—

TRACK **27**

Words

triangle 三角形
[tráiæŋgl] ちゅらぃやんぐぅ

in the end 最終的に
[ín ði énd] いん でぃえんっ

he is 彼は
[hí: iz] ひぃーぃえず

Daniel ダニエル
[dǽnjəl] でぇにょぅ

the apple そのりんご
[ði ǽpl] でぃやっぽぅ

be able to 〜できる
[bi éibl tə] びぃえいぼぅ た

Sentences

The employee is quitting.
[ði implɔ́ii: əz kwítiŋ] でぃ えんぷろぉぃーえず くぅいっりん
その従業員は辞めることになっている。

Did you see it?
[díd jə sí: ət] でぃっじゅ すぃえっ?
見た?

Notes

他にもリンキング(「い」系の母音→母音)を見つけたら書きこもう!

②「う」系の母音から母音につながるパターン

さあ、もう1つのパターンです。
[u] や [u:] などの「う」系の音は子音でいうと、ちょうど口をすぼめた [w] の口と同じなんだ。
※ p.80 鬼の発音のコツ14参照

つまり、「う」という母音の後に母音が連続している場合は、今度は間に [w] が入るんだ。
例えば、go ahead（お先にどうぞ）も「ごーあへっど」じゃなくて [góu w əhéd]「ごぅわへっ」というふうにつながる。
※ p.98 鬼の発音のコツ21参照

> go ahead
> （お先にどうぞ）
> 「ごぅわへっ」だな。
> 今度行く海外旅行で
> 早速使ってみよう。

TRICK －コツ－

「う」系の母音から母音は、間に子音 [w] を挟んでつなげる！

EXAMPLE －例－

🔊 TRACK 28

Words

go ahead 先に行く
[góu əhéd] ごぅわへっ

situation 状況
[sitʃuéiʃən] すぃちゅうえいしゅん

so am I 私も
[sóu əm ái] そぅわまぁい

you and me あなたと私
[júː ənd míː] いゆーぅえんみー

to him 彼に
[tə hím] とぅーぅいむ

into it その中に
[intə ət] いんとぅうえっ

Sentences

Just do it.
[dʒʌ́st dúː ət] じゃすっ どぅうえっ
いいからやって。

That's too expensive.
[ðǽts túː ikspénsiv] でぇっつ とぅーぅえくすぺんすっ
高価すぎる。

Notes

他にもリンキング（「う」系の母音→母音）を見つけたら書きこもう！

鬼の発音のコツ

24 発音技⑤
消える破裂音と消える [v]

なんと！　　　　　　　　　「ぐっばい」って言うよね？
最初から発音されてない！

goo~~d~~　bye
　　　　　　っ
　　小さい「っ」　　消してためる！

このコツは音が消えちゃうって話だからものすごく大切。でも、まず「破裂音って何？」っていう疑問から始まるよね。
子音の中でも伸ばせない音のことを破裂音というよ。
※ p.102 鬼の発音のコツ 22 参照

伸ばせない子音＝破裂音
b c d g k p q t

これらの伸ばせない子音が破裂音だね。加えて、[v] は破裂音ではなく摩擦音と呼ばれるものなんだけど、これらの子音はよく消えちゃうんだよね。

発音技②みたいに音がつながるんだったらまだしも、消えられちゃったらだいぶ難易度上がるよね。

例えば、good bye って発音してみよう。
この時、「ぐっどばい」ではなくて「ぐっばい」って言うよね。
この good の "d"、速くて聞こえないとかじゃなくて最初から言ってないってこと。これは発音してみると実感できるね。
こういうふうに最初から言ってないので、そもそも聞きとれるはずがないし、自分も割り切って発音することが大切だよ。

---

good bye
× 　ぐっどばい
○ 　ぐっばい

"d" はそもそも発音してないから
聞きとれるはずない!!

さて、どういう時に、どんなふうに消えるのか？
破裂音（もしくは摩擦音の [v]）の後に子音がきたら、前の破裂音は消えて小さい「っ」でためて表現するんだ。この「っ」の感覚をつかむことがポイント。
good bye も、「ぐっばい」であって、「ぐばい」ではないよね。

こういうのは理論も大事だけど、そもそも good bye を「ぐっどばい」って言ったらひっかかる感じがして言いづらいと思います。
最終的には、その他の単語やフレーズでも**破裂音のない方が言いやすいなっていう自覚ができて、そっちが自然と思えるようになろう**。そうしたらネイティブの感覚だよ〜！

「ぐっどばい」って
かなり言いづらい。
だから「ぐっばい」なんだ！

TRICK －コツ－

子音の前に破裂音か [v] がきた時は
発音せず、小さい「っ」の感覚でためる！

EXAMPLE －例－

TRACK 29

Words

absolutely 全く
[ǽbsəlúːtli] ぇあっするぅーっりー

apartment アパート
[əpáːrtmənt] ぁぱぁーっむん

friendship 友情
[fréndʃip] ふぅれんっしっ

out of control コントロール不能
[áut əv kəntróul] あぅらっ こんちゅらーぅ

save money お金を節約する
[séiv máni] せいっまにー

not like that そうじゃない
[nát láik ðət] なっ らいっ でぁっ

Sentences

I don't know what just happened.
[ə dóunt nóu wát dʒəst hǽpənd] ぁ どうんっ のぅ うわっ じゃすっ へぁぺんっ
今何が起こったのかわからない。

It shouldn't be that difficult.
[ət ʃúdnt bə ðǽt dífəkəlt] いっ しゅどうんっ び でぇっ でぃふぃくるっ
そんなに難しいはずはない。

Notes

他にも消える破裂音と消える [v] を見つけたら書きこもう！

25 発音技⑥ 消える最後の破裂音と消える [v]

鬼の発音のコツ

この子音の口の形で音を止める

good

小さい「っ」

これは発音技⑤と似ている「消える系」の技です。

破裂音（bcdgkpqt）や [v] の音で文や単語が終わる場合、その破裂音をほとんど発音しないんだ。ちなみにカンマなどで間を置く場合も同じです。

発音しないといっても、全く何もしないわけではなく、その子音の口の形はしっかり作らないとだめです。**ちゃんと口の形はできてるんだけど、わざわざ発音はしない。音がもれるかもれないかの微妙なバランスが大事！**

例えば、good だったら「ぐっ」だけど、最後はちゃんと [d] の口で舌の先が前歯の裏にあたっている。

Bob だったら「ばっ」だけど最後は [b] の口で口が閉じている状態で音が終わるといったように、音は出さなくても口はきちんと動かすんだ。

TRICK —コツ—

最後に破裂音か [v] がきた時は、発音せずにその子音の口の形で終わらせる！

EXAMPLE —例—

🔊 TRACK 30

Words

don't 〜しない
[dóunt] どぅんっ

what 何
[wÁt] うわっ

hope 希望
[hóup] ほうっ

did 〜した
[díd] でぇっ

aggressive 積極的な
[əgrésiv] ぁぐれっすっ

like 〜が好き
[láik] らいっ

Sentences

Great job!
[gréit dʒáb] ぐうれいっ じゃっ
よくやった！

Give me a shout!
[gív mi ə ʃáut] ぎっみゃ しゃうっ
連絡して！

Notes

他にも消える最後の破裂音と消える [v] を見つけたら書きこもう！

STAGE 3 目からウロコの発音技 12

26 発音技⑦ 濁る [t]（母音に挟まれた場合）

鬼の発音のコツ

これおさえたら脱・日本人発音！

water

濁る
母音　母音

water って、「うぉーたー」というより「ぅわぁーらー」と発音されてる印象だよね。
[t] は母音に挟まれると濁るっていう話をしよう。
濁るってどういうことかって？

よし、その濁るという感覚を説明するために、まず [t] の発音をしてみよう。「とぅっ」っと。次は [d]。「どぅっ」。はい交互に、「とぅっ」「どぅっ」「とぅっ」「どぅっ」……。
この [t] の音と [d] の音、どうやって発音しわけていますか？
これはね、手を喉にあてて発音してみるとわかりやすいよ。
[t] と違って [d] の音を出す時だけ喉が振動しているはず。
[t] と [d] は口の形や舌の位置、空気の出し方などは一緒なんだけど、声帯を震わせているかどうかだけが違うんだ。
濁らせるというのは、濁点がついたようにうならせて声帯を震わ

せることだと思ってね。

でも、そうかといって [t] を [d] にして water を「わーだー」って言うのもちょっと濁りすぎてて微妙に違う。

じゃあ、ここで復習！ [l] ってどうやって発音していたかちょっと思い出してみよう。
※ p.76 鬼の発音のコツ 13 参照

[l] も [t] や [d] と同じく舌の先を前歯の裏にあてて発音しているよね。
[l] は [t] よりは濁っていて、[d] ほどは濁っていない。これはその濁らせ方のあんばいの話なんだけど、[wɔ́:dər]「ぅわぁーだー」だと濁らせすぎで [wɔ́:lər]「ぅわぁらー」だとちょっとたりない。というわけで、**狙うは [l] と [t] の中間の濁らせ方！**「ぅわぁーら゛ー」。この「ら゛」がまたまた日本語にはない音だね！
CD の音を参照に中間のうならせかたを狙いながらバランスをつかもう！

そして、舌の先があたる位置は日本語の「ら り る れ ろ」くらいの口内の天井よりちょっと前くらいの位置で発音しよう。
[t]、[d]、[l] みたいに**前歯の裏というよりは舌先があたる位置はもう少し奥**だよ。

TRICK —コツ—

母音に挟まれた [t] は、[d] と [l] の間の音にする！

EXAMPLE —例—

TRACK **31**

Words

water 水
[wɔ́:tər] わぁらˊー

shut up 黙れ
[ʃʌ́t ʌ́p] しゃらˊっ

greatest 最高の
[gréitist] ぐぅれぃれˊすっ

totally 完全に
[tóutəli] とうらˊーリー

get it わかった
[gét ət] げれˊっ

patio テラス
[pǽtiòu] ぺぇりˊぉう

Sentences

That's what I'm talking about!
[ðǽts wʌ́t əm tɔ́:kiŋ əbáut] でぇっつ うわらˊむ たぁきんなばぅっ
わかってんじゃん！

No doubt about it.
[nóu dáut əbáut ət] のぅ だうらˊばうれˊっ
間違いないっしょ。

Notes

他にも濁る [t] (母音に挟まれた場合) を見つけたら書きこもう！

例外

注意！ 母音に挟まれていても後ろの母音にストレスがある場合は濁りません。

gui__t__ar ギター
[gitáːr] ぎたぁー

a__tt__end 〜に参加する
[əténd] あてんっ

a__tt__ire 服装
[ətáiər] あたいぁ

pla__t__onic プラトニックな
[plətánik] ぷらたぁねっ

ma__t__erial 素材
[mətíriəl] むてぅりぅ

ネイティブお決まりフレーズの
Get it!
"t" が母音の "e" と "i" に挟まれてるから
ちょっと濁るんだ！
「げっといっと」じゃなくて「げれぃっ」！

鬼の発音のコツ

27 発音技⑧　濁る [t]（[l]と母音に挟まれた場合）

なめらか〜に　**li**t**tle**　濁〜る
母音　　[l]

スペルが「母音、"t"、"l"」と、こんな並びのパターンでも発音技⑦と同じく [t] を濁らせます。
最後が [l] の音で終わるわけだけど、**ツルンッっと舌の先が口内の天井をかすめて通過するように「ろ゛ー」と発音しよう！**

そうなると、little は「りとる」とかけ離れた「りろ゛ー」とう発音になる。さあ！ どんどん脱カタカナ発音してきたぞー！

子音 [l] 舌ったらずの「ら り る れ ろ」で説明したような、舌の先を前歯の裏につけたまま音を終わらせるのとは処理の仕方が違うので注意してくださいね！
※ p.78 鬼の発音のコツ 13 ②参照

TRICK -コツ-

母音と [l] に挟まれた [t] は [d] と [l] の間の音を狙う！

EXAMPLE -例-

TRACK 32

Words

ba<u>tt</u>le 戦い
[bǽtl] べぇろ´ー

Sea<u>tt</u>le シアトル
[siǽtl] すぃえろ´ー

ke<u>tt</u>le やかん
[kétl] けろ´ー

bo<u>tt</u>le ボトル
[bátl] ばぁろ´ー

tur<u>t</u>le 亀
[tə́:rtl] たーろ´ー

li<u>tt</u>le 小さな
[lítl] りろ´ー

Sentences

It'll be fine.
[ətl bə fáin] いろ´ー び ふぁぃん
きっと大丈夫。

What's the title of it?
[wʌ́ts ðə táitl əv ət] ぅわっつ だ たいろ´ーろゔぇっ
何ていうタイトル？

Notes

他にも濁る [t] を見つけたら書きこもう！

28 発音技⑨ 消える [t]

楽な発音の仕方を覚えよう！

twenty
↑ [n]　↑ 母音
消える！

これは**完全に消えてしまう [t]** なんだ!!
どんな時にその怪奇現象が起きるかというと、それは**[t] が [n] と母音に挟まれた場合**だね。

例えば、数字の 20、**twenty** は「とぅうぇんてぃー」というより「とぅうぇにﾞー」と発音する。[n] を気持ち低めに濁らせるのがコツだよ。濁点をつけるつもりで「にﾞー」みたいに。

※単語の最後の "y" は [i] と発音するのでスペルとは裏腹にこの場合は母音

TRICK —コツ—

[n] と母音に挟まれた時 [t] は消す。
[n] を濁らせて気持ち低めに発音する

EXAMPLE —例—

TRACK 33

Words

count on 〜に頼る
[káunt ən] かうんのˊん

Internet インターネット
[íntərnet] いなˊーねっ

representative 代表
[rèprizéntətiv] うれっぷれぜなˊりˊぅˊ

Tronto トロント
[tərántou] ちゅらˊぁの

identity 身元
[aidéntəti] ぁいでねˊりˊー

Santa Claus サンタクロース
[sǽntə klɔ́:z] せえなˊ くらぁず

Sentences

Isn't it yours?
[íznt ət júərz] いずねっˊっ ぃよーず
あなたのじゃないの？

I wanted it so bad!
[ə wántid ət sóu bǽd] ぁぅあねれˊっ そう べぇっ
それすごく欲しかったんだよねぇ！

Notes

他にも消える [t] を見つけたら書きこもう！

STAGE 3 目からウロコの発音技 12

29 発音技⑩ 飲み込む [t]

一番難しいかも……　ためる　飲み込む

button

母音　母音 [n]

これは日本人にとってもっとも難しいと思われる発音技です。
ほとんどの日本人がおさえられていない技術と言えるでしょう。
ということは……、これをマスターしたら一気にトップに君臨できるよ！
You could be a king!
はりきっていきましょう！

これは **[t] が母音に挟まれていて、なおかつその直後に [n] がきている時におこる現象** だよ。
うーん、かなりマニアックになってきたね〜。

例としては、**button** とか **Latin** とか。[t] が母音に挟まれた後に [n] がきてるよね。
こういうパターンの時は、**[t] は発音せず [n] を飲み込んで「っ**

んん」と勢いよく発音するんだ。これはとにかく割り切って発音してしまうこと。

さらに詳しく言うと、button（ボタン）だったら日本語で「ボタン」と言うけど、「ぼたん！」とか「ぼた〜ん！」とどんなに一生懸命言っても通じないんだ。もうちょっと英語っぽく「ぼとぅん」でもだめ。
「ばとぅん」は少しあか抜けていないけどOK。だまされたと思って「ばっんん」。Latin（ラテン）は「れぇっんん」と言ってみて！

飲み込む [t]

Latin
×らてん
×らとぅん
×らる゛ん
△れぇとぅん
○れぇっんん

button
×ぼたん
×ぼとぅん
×ばる゛ん
△ばとぅん
○ばっんん

この時、1つ注意してほしいのが [n] の音。
「っんん」であって「っうん」ではないんだ。
何が違うのかっていうと、[n] は「ん～♪」と鼻歌を歌っている時みたいな鼻から出る音であって、母音の「う～」ではないってこと。

「ん～♪」と鼻歌を歌いながら鼻をつまんだら音止まる？
止まったら OK。その音をキープしてほしい。

止まらなかったらそれは鼻ではなく口経由で出てる「う」の音なのでだめ!!
あくまで**鼻から出る「ん」の音で「っんん」と押し出す**こと。

TRICK ーコツー

[t] が母音に挟まれてその直後に [n] がある場合は [t] を消して、「っんん」と飲み込む

EXAMPLE ー例ー

TRACK 34

Words

Manhattan マンハッタン
[mænhǽtn] むんへぇあっんん

important 大事な
[impɔ́:rtnt] いんぽーっんん

kitten 子猫
[kítn] きっんん

cotton 綿
[kátn] かぁっんん

certainly 当然
[sə́:rtnli] すーっんんりー

curtain カーテン
[kə́:rtn] くーっんん

Sentences

It's written on the bulletin board.
[əts rítn ðə búlətn bɔ́:rd] いつ ぅりっんんのん だ ぶれっんん ぼーっ
掲示板に書いてあるよ。

I've forgotten it.
[əv fərgátn ət] ぁぶ ふぁがっんんねっ
忘れちゃった。

Notes

他にも飲み込む [t] を見つけたら書きこもう!

STAGE 3 目からウロコの発音技 12

30 発音技⑪ 子音＋[j] "y"

鬼の発音のコツ

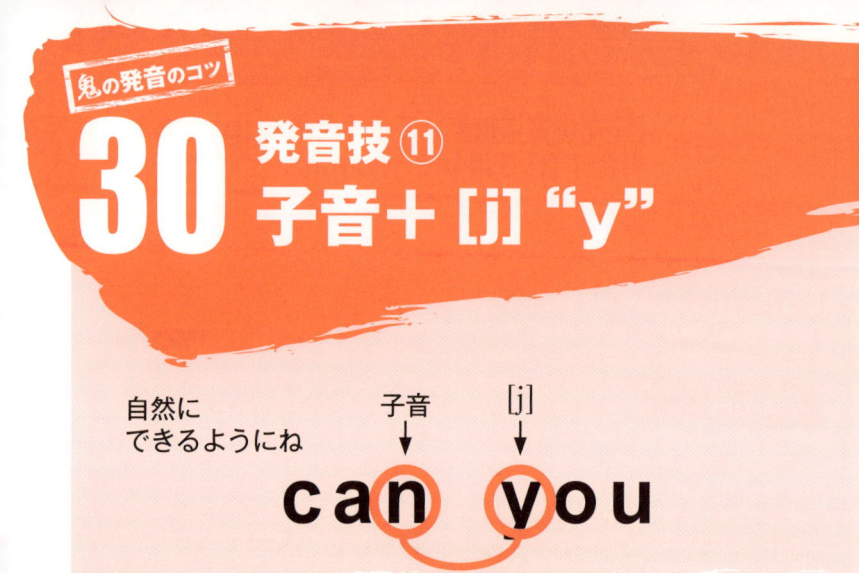

自然に
できるようにね　　子音　[j]
　　　　　　　　　↓　　↓
can you
　　つながる

子音から [j]（[j] はアルファベット "y" の音）につながる話をしよう。一見つながらなさそうだけど実はつながるんだ。
まず、**"y" という子音が力んだ「い」の音から始まる**ので
※ p.86 鬼の発音のコツ 17 参照
発音技②のように直前の子音とつながるんだ。
※ p.98 鬼の発音のコツ 21 参照

つまり、**子音から「ぃや ぃい ぃゆ ぃえ ぃよ」につながる**と思って。例えば、can you だったら [kǽn]「きぇん」と [júː]「ぃゆぅー」なわけだけど、「きぇん」の「ん」から「ぃゆぅー」を連続して発音すると「にゅぅー」ってなるよね。「きぇにゅぅー」といった具合に。このように**子音から [j] の音はつながっていくよ！**

TRICK —コツ—

直前の子音から「いや いい いゆ いえ いよ」につなげる

EXAMPLE —例—

)) TRACK **35**

Words

did you　～したか
[dəd jə] でぃじゅ

can you　～できるか
[kən jə] けにゅ

on Yahoo!　ヤフーで
[ən jáhu:] おんにゃぁふー

don't you　～しないのか
[dóunt jə] どうんちゅ

can't you　～できないのか
[kǽnt jə] きぇぁんちゅ

said yes　はいと言った
[séd jés] せっでぃえす

Sentences

You have to bring your own.
[jə hǽv tə bríŋ jər óun] ゃ へぇふた ぶぅりんぎょうろうん
自分の持ってこなきゃだめだよ。

I like your taste.
[ə láik jər téist] ぁ らいきょー てぃすっ
あなたのセンス好きだわー。

Notes

他にも子音＋"y"［j］を見つけたら書きこもう！

_____
_____
_____
_____

鬼の発音のコツ

31 発音技⑫ 消える [h]

コレできたら ツウだわ〜

子音 ↓
母音 ↓

内容語 —— **tell** ○ ×**im** —— 機能語

つながる

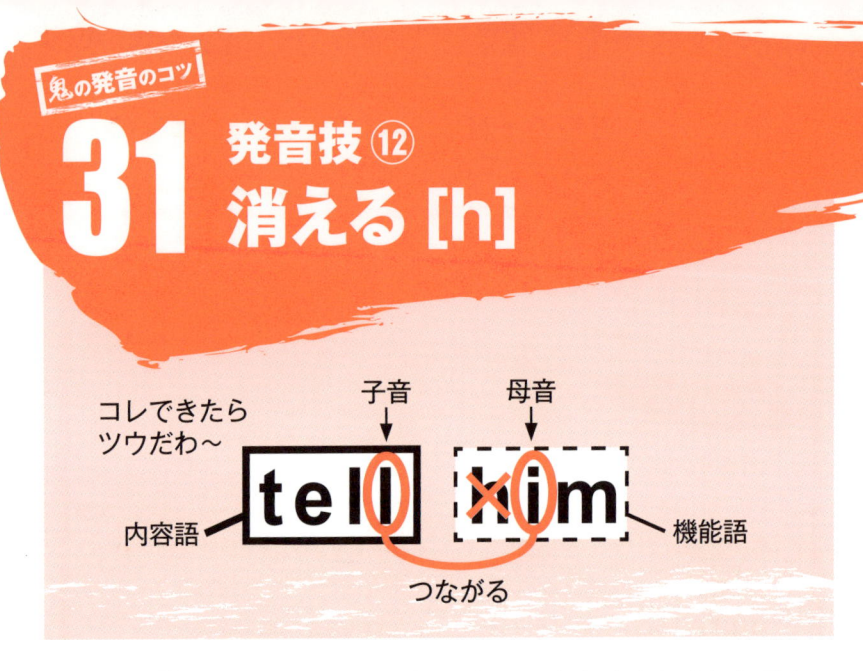

子音の [h] の音って、実は、「はー」って息を吐くだけなんだ！子音の中でも最も弱い音なんです。

そんな [h] から始まる単語が機能語の場合、[h] は発音されずに前の単語の終わりの音と [h] の直後の母音がつながるんだよね。

まずは、「機能語って何？」というところにぶつかるはず。機能語とは文章においてちゃんと発音しない単語のことで、詳しくはSTAGE 4で詳しくおさえていくよ。

例えば、**tell him** だったら [h] が消えて [teləm]「てるむ」というようになる。

ここまでおさえられたら、あなたはかなりの発音ツウ！

※他に [h] から始まる機能語は、助動詞の **have, has** や代名詞の **him, his, her, hers** などがある

TRICK ーコツー

機能語の頭の [h] は無視して前後の音をつなげる

EXAMPLE ー例ー

🔊 TRACK 36

Words

I have 私は〜した
[əi həv] あいゃぶ

they have 彼らは〜した
[ðei həv] ぜいゃぶ

he has 彼は〜した
[hi həz] ひいやず

she has 彼女は〜した
[ʃi həz] しいやず

like her 彼女が好き
[láik hər] らいくぁー

hate him 彼が嫌い
[héit həm] へいりぃむ

Sentences

This has nothing to do with her.
[dís həz nʌ́θiŋ tə dúː weð hər] でぃすぁず なっすぃんっ た どぅーうぇずぁー
これは彼女とは無関係だ。

We have to kick him out.
[wə hǽv tə kík həm áut] うぃ へぁふた きっきまうっ
あいつは追い出さないといけない。

Notes

他にも消える [h] を見つけたら書きこもう！

STAGE 3 目からウロコの発音技12

自分の発音に酔っちゃいそう

スラララ〜

コツさえ押さえれば"ネイティブ"級の発音も不可能じゃない。リチャードはそれを教えてくれたんだ…

water
「うわぁらぁ」

button!
「ばっんん！」

Thank you Richard!
「せぇんきゅーうりちゃぁ〜っ」

みんな！発音のネイティブ化、すすんでるね！

でも、シゲノブさん！「ぅりちゃぁ〜」っじゃなくて「ぅりちゅっ」くらいでいいですよー。

ほう？

まだ伝授したいことがあるんだ。次はリズムの話！
Are you ready?

Bring it on.
「ぶりんげろぉん！」
（かかってこい！）

That's the sprit.
「でぇっつだすぴぅれっ！」
（その意気だ！）

STAGE 4

日本語と違う英語のリズム

STAGE 4
日本語と違う英語のリズム

STAGE 1では母音、STAGE 2では子音、STAGE 3では発音技と色々やってきたね！
しかし、「鬼発音」はまだまだ終わらない！ しかも、このSTAGE 4が一番目からウロコかも！

ここでは英語のリズムについて考えてみるぞ！
英語って喋る時、「なんとな～く独特の抑揚があるよな～」って思う人は多いと思うけど、その仕組みをきっちりと追究したことってなかなかないんじゃないかな？

英語と日本語では表現されるリズムが全く違う。
この感覚をつかまないと、喋る時も強調する点や間のとり方が変で、相手にとってわかりづらい表現しかできない。
聞く時もいつまでたってもネイティブの英語は、「速い」、「ゴニャゴニャとしか聞こえない」という印象になってしまう。

でも、いきなり「感覚をつかんで！」なんて言われても困るよね。
だから、まずは理論的にわかりやすく説明します。それから実践していって、慣れると自然に感覚をつかめるようになるよ！

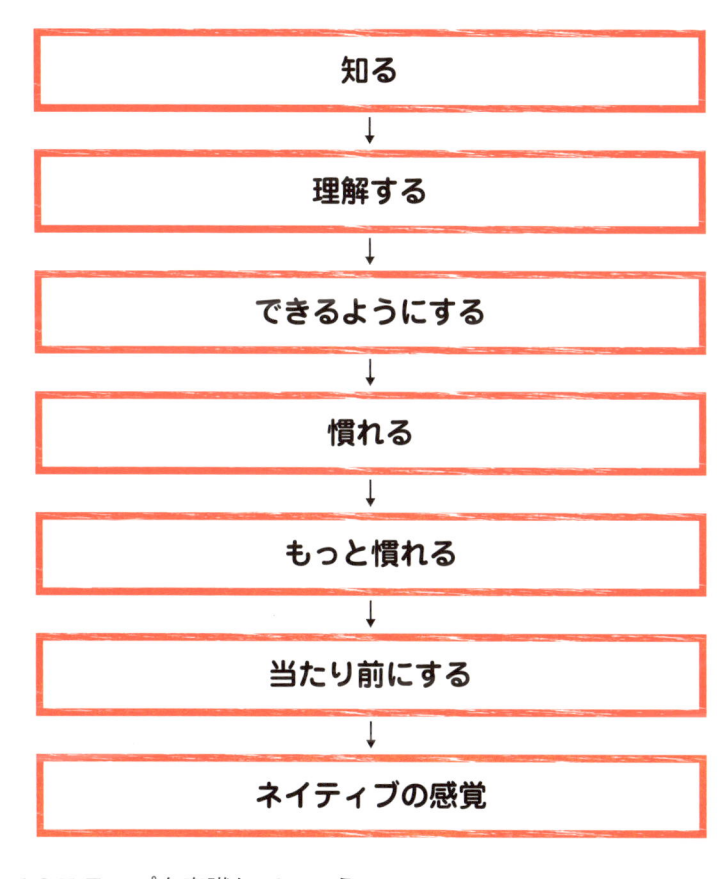

では、ネイティブ発音の感覚はどうやって手に入れられるのか？

```
知る
 ↓
理解する
 ↓
できるようにする
 ↓
慣れる
 ↓
もっと慣れる
 ↓
当たり前にする
 ↓
ネイティブの感覚
```

このステップを意識していこう。
今の段階では「できるようにする」くらいのところだけど、しっかり「感覚」までもっていきます！

尚、本ステージの単語、文章の発音解説は rkenglish.com/sound にて聞けます！

鬼の発音のコツ

32 単語のリズム

じゃぱん vs Ja[ə] pan[æ]

どんな英単語もかっこよく、そして楽に発音するために単語のリズムの話をします！

1. 音節について

日本人が英単語を発音するにあたって、一番の大敵になるのがカタカナ英語の感覚だね。
カタカナで表記する外来語がたくさんあるから、どうしても英語も日本語っぽく発音してしまいがち。
では、カタカナの発音とリアルな英語の発音の違いって何なんだろう？

もちろん今までやってきた日本語にはない音や、発音技なんかもすごく大切だけど、一番のポイントはリズムなんだ。

カタカナ英語とリアルな発音においてはまず、その単語がいくつの音の塊（音節）で構成されているかという時点で違うんだ。まずここをおさえることが大事！

そういうわけで、音の塊（音節）について説明します！
音節というのは母音（[a i u e o]に相当する音）から成り立っている音の塊のことなんだ。この音節のとらえ方が英語と日本語で全く違う。

例えば、**children**（子どもたち）という単語を例にしよう。
日本語の発音だと「ちるどれん」だよね。これをもう少し詳しく見てみよう。

ち	る	ど	れ	ん
chi	lu	do	re	n

どの平仮名の音も必ず母音とセットで存在してるね。
(「ん」"n"だけは例外だけど音節としてカウントする)

日本語でゆっくり発音したら
ち〜る〜ど〜れ〜ん〜って５つの音にわけて発音できるけど

① chi ② lu ③ do ④ re ⑤ n

英語だとそういうわけにもいかない。
母音がセットで発音されるのは下線を引いた ch<u>i</u>ld<u>re</u>n の 2 つしかない。
つまり、どんなにゆっくり言っても chil 〜 dren 〜と 2 つの音にしかわかれないんだ。これにはびっくりでしょ !?

① chil　② dren

簡単に言うと、**日本人の英語は母音を挟みすぎで、音節が多すぎる**んだ。

つまり、**英語は日本語と違って子音だけで発音しなきゃいけないところが多い**ってことだよね。
母音の種類は日本語よりかなり多いのに、実際に使う頻度は日本語に比べて極端に少ない。

だから、日本語とは違って**母音を抜いて純粋に子音だけの音が出せるようになると、一気にきれいな発音になる**んだ。
※ STAGE 2 参照

例えば、and を「あんど〜」と発音する人が結構いるけど、これは典型的なジャパニーズアクセント（日本語なまり）です。

"d" の後に母音はないので、結果、[d] は舌の先が歯の裏にあたる程度でほとんど音もなく「えぁん」となるんだ。
※ p.114 鬼の発音のコツ 25 参照

and
× 「あんど」3音節　a n do
○ 「えぁん」1音節　and

drink
× 「どりんく」4音節 do ri n ku
○ 「じゅりんっ」1音節 drink

日本語と英語の音節（音の塊）のとらえ方の違いをしっかり理解しなきゃいけないんだ。全然違うよね！

TRICK －コツ－

余計な母音は入れない！

2. ストレスについて

ストレス大国日本。
ここではストレスとどう向きあっていけばいいのかお話していきます。……というのは冗談で、そっちのストレスじゃなくて、この場合の**「ストレス」とは、音節の中でも正確に発音する箇所**のこと！
ここで学びたいのは単語内で音節にわかれた音の塊が平等に発音されないということだよ。その表現の差のつけ方をしっかり理論から固めていきます！ 日本語にはない考え方なので、リアルな英語感覚を手に入れるのためにとっても大切なポイントです！

では、Japan を例にとってみよう。
日本語の発音だったら「じゃぱん」って全部の音を平等に発音するよね。でも英語はそうではないんだ。
英語は**「音節」という音の塊でとらえることが大切**とさっき説明したけど、Japan だったら母音 "a" を含む Ja と pan という２つの音の塊（音節）にわけられるね。この時に考えないといけないのが、Ja と pan が日本語だと平等に発音されるけど、英語だと平等に発音されないという点なんだ。**「正確に」発音されるものと「ごまかされる」ものにきっちりわかれる。**

今回の例だと、Ja と pan だったら pan の方をちゃんと発音します。pan の発音記号は [pæn] だよ。この時、[æ] の音は「ぺぇん」と発音する。
※ p.42 鬼の発音のコツ１参照

それをおさえると「じゃぺぇん」と発音できるんだけど、さらにもう一歩！ むしろここからが英語の感覚として超大事！ ストレスのかかっていない音節のごまかし方です。
今度は Ja の発音の仕方をきちんとマスターしよう。
こっちのちゃんと発音しない方の音なんだけど、あいまい母音を使うんだ。これは口をほとんど動かさない音です。
※ p.48 鬼の発音のコツ４参照
[jə]「じゅ」という音になるね。さっきの [pæn]「ぺぇん」に比べたら口も全然動かさないし、添えるだけといった感じです。

まとめると、「じゅぺぇん」というふうに「ぺぇん」にストレスをつけて、「じゅ」は添えるだけと意識して発音すればネイティブと同じリズムになるよ!!
「ぺぇん」の位置で手や首を動かしてみよう。そうすると上手く発音できる。**ノリを体でつかむんだ。**

STAGE 4

日本語と違う英語のリズム

TRICK
ーコツー

**ストレスの母音は正確に、
　それ以外の母音は口をほとんど動かさずあいまいに発音する**

3. 実践！

さあ、次に登場する単語もネイティブ級に発音していこう！ ちゃんと音節にわけて、**ストレスの母音は正確に！ そうでない部分はあいまいに！** 次の単語の大きくなっている部分＝ストレスで手や首を動かすと英語のリズムをとりやすくなるよ！

---

1 音節
cat（ネコ）
c**a**t

made（〜を作った）
m**a**de
(最後の "e" は母音じゃないから 1 音節)
※ p.96 鬼の発音のコツ 20 参照

coat（コート）
c**oa**t
(母音が 2 つ重なっても 1 音節)

2音節

decide（〜を決める）
de **cide**

lemon（レモン）
le mon

Japan（日本）
Ja **pan**

3音節

consider（〜を検討する）
con **si** der

business（ビジネス）
bu si ness

understand（〜を理解する）
un der **stand**

4 音節以上

entertainment（娯楽）
en ter **tain** ment

opportunity（機会）
op por **tu** ni ty

pronunciation（発音）
pro **nun** ci **a** tion

どうだったかな。それでは今挙げた単語の中から3つを例にとって、ステップを踏んで一緒に音を見ていこう。
大丈夫。ここまでやってきたことを思い出せば、リアルな英語発音までもっていけちゃうんだから。

- lemon
- consider
- pronunciation

ステップ①　どの単語も「音節」（母音を含む音の塊）にわけて みよう！

- le mon（2音節）
- con si der（3音節）
- pro nun ci a tion（5音節）

ステップ②　ストレスの音節はどこか考えよう。

どこがストレスなのかは絶対的な法則はないので、単語はスペルを覚える以上に発音で覚えなきゃいけない。
ストレスの位置はオレンジの部分だよ。ここを「正確に」発音することが大事！

- **le** mon
  [lé]
- con **si** der
　　　[sí]
- pro **nun** ci **a** tion
　　　[nʌ́n]　[éi]

ステップ③　ストレスのない音節の発音をあいまいにして、単語のリズムをつかむ

さて、ストレスのない部分だけど、ここをどう発音するかが大きなカギになってくる。小さい声で発音してみる？　うーん、間違ってはいないけど、答えはごまかす！
ただごまかせばいいというわけではなく、**ネイティブと同じ正確なごまかし方をしよう**。そう、ここであいまい母音を使うんだね！

● le mon
　　　[mən]
「もん」というよりは口をほとんど動かさず「むん」。

● con si der
　[kən]　　[dər]
「こん」ではなく「くん」
「だー」は少し舌は引くけど、あいまいに「だ」程度。

● pro nun ci a tion
　[prə]　　　[si]　[ʃən]
「ぷろ」ではなく、唇がちょっと開く程度で「ぷぅる」。
（小さい「ぅ」は [r] の口を表しているよ）
「しょん」って発音しがちだけど、そうではなく「しゅん」。
（今回の "ci" は例外。あいまい母音ほどではないけど、はっきりとは発音しない）

ステップ④　全部あわせてネイティブリズム！

では、ステップ①〜③までをあわせた英単語のリズムとはどういうふうになるのかまとめてみよう。

- lemon
  [lé mən]
  × れもん
  ○ れむん

- consider
  [kən sí dər]
  × こんしだー
  ○ くんすいだ

- pronunciation
  [prə nʌ́n si éi ʃən]
  × ぷろなんしえーしょん
  ○ ぷぅるなんすぃえいしゅん

33 文章のリズム

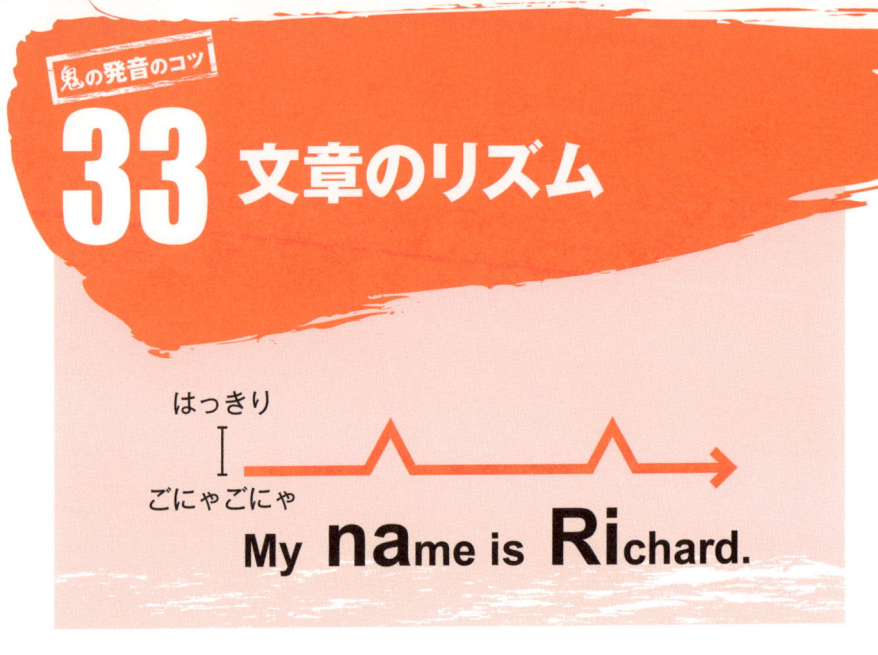

鬼の発音のコツ

はっきり
ごにゃごにゃ

My na me is Ri chard.

さて、コツ32では単語のリズムをおさえたので、次は視野を広げて単語が集まり文章になった時のリズムを考えてみよう！

1 内容語と機能語

まず、おさえておきたいのが英単語は発音するうえで2種類にわけられるということだ！
英語の文章は日本語と違って、単語が平等に発音されない。
強く、はっきりと正確に発音する単語（内容語）と、弱く、あいまいにごまかして発音される単語（機能語）にきっちりわかれるんだ。その2つの違いをしっかりと意識しましょう。

ちなみにコツ32でやった単語のリズムは正確に発音する内容語の発音の仕方だね。もちろんそれが前提となるんだけど、英語に

抑揚をつけてペラペラに発音するコツは、むしろ**ハッキリ発音するところを強く言うことより、あいまいに発音する単語の正しいごまかし方をマスター**することなんだ！

内容語＝はっきりと正確に発音する単語

（文の内容を伝えるのに必要な単語）
名詞、動詞、形容詞、副詞、疑問詞。ストレスの位置の母音は正確に発音される。それ以外の母音はあいまい母音 [ə] となる。

機能語＝ごまかしてあいまいに発音する単語

（文の内容を伝えるのに必要のない単語）
内容語以外のもの全て。冠詞、前置詞、代名詞、助動詞、be 動詞など。機能語の母音は基本的にあいまい母音 [ə] になり、ほとんど発音されない。

例えば、

My name is Richard.
I teach pronunciation to Japanese students!
「リチャードです。日本の生徒に発音を教えています！」

内容語（正確に発音する単語）はどれになるかな？ 名詞、動詞、形容詞、副詞、疑問詞が内容語に該当するので……。

My <u>name</u> is <u>Richard</u>.
　　　名詞　　　　名詞

I <u>teach</u> <u>pronunciation</u> to <u>Japanese</u> <u>students</u>!
　動詞　　　名詞　　　　　　　形容詞　　　名詞

こんなに難しく考える必要はないけどね。
理論的に理解することは大切だけど、もう少し感覚的にもとらえてみよう。
例えば、この文の内容語だけ抜き出してみると……。

Name Richard.

Teach pronunciation Japanese students!

これだけでも言いたいことはわかるよね。
日本語だと「名前　リチャード。　日本の　生徒　教える　発音！」だいぶぶっきらぼうだけど意味はわかる。
では、機能語（内容語以外のあいまいに発音する単語）だけ抜き出してみるとどうなるでしょうか。

My is. I to!

全く意味がわからないよね。というわけで内容語と機能語の分別の仕方を感覚的にとらえると、**コミュニケーションを図るうえで相手に伝える必要がある単語をしっかりと押し出していくことができるよ。**
英語では**内容語と機能語で発音の仕方が全然違う**ので、ここからまた厳密に見ていくよ！　name や Richard など隣のページの文の下線を引いた内容語は、コツ 32 の単語のリズムの項目で説

明したようにストレス部分の母音を正確に、それ以外の母音をあいまいにして表現するよ。ここで、内容語の発音を確認！ **相手に正確に伝える必要がある単語は発音する時も正確に！**

  name [néim]
  Richard [rí chərd]
  teach [tí:tʃ]
  pronunciation [prə nʌ̀n si éi ʃən]
  Japanese [dʒæ̀ pə ní:z]
  students [stú: dənts]

ここまでは大丈夫かな。では、それ以外の○で囲ってある機能語の発音はどうなるでしょうか。

My name is Richard.

I teach pronunciation to Japanese students!

これがビックリ。
この○で囲ってある機能語の発音なんだけど、見事に母音が全てこんなふうにあいまいになっちゃうんだ。

My name is Richard.
[mə]　　　[əz]
I teach pronunciation to Japanese students!
[ə]　　　　　　　　　[tə]

では、単語の発音の仕方とあわせると……。

My name is Richard.
[mə néim əz rí chərd]
I teach pronunciation to Japanese students!
[ə tíːtʃ prə nʌn si éi ʃən tə dʒ pə níːz stúː dənts]

もう気付いたね？　そう、実は**英語ってあいまい母音[ə]だらけ**。
あいまい母音は英語の中で一番多用する母音なんだ。
だからこそ、**ネイティブと同じ正確なごまかし方は絶対にマスター**しておきたい。
※ p.48 鬼の発音のコツ4参照

英語は、母音も子音も日本語にはないくらい筋肉を使って発音するものが多いよね。そうかと思ったらストレスのない音は日本語ではありえないほど口を動かさずどうでもいい音を出す。
まとめると英語の強弱って、**「強く言う、弱く言う」という音量的な問題ではなくて、「正確に発音する、あいまいに発音する」という方が正しい認識**なんだ。

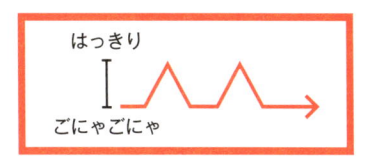

高低差の激しい英語の発音。

● **内容語**　● 機能語

My na**me** is **Ri**chard.
[mə néim əz rí chərd]

I **teach** pro**nun**ci**a**tion to **Ja**pa**ne**se **stu**dents!
[ə tíːtʃ prə nʌ́n si éi ʃən tə dʒæ pə níːz stúː dənts]

みんな平等、日本の発音。

リチャードです。日本の生徒に発音を教えています！

TRICK
—コツ—

機能語の母音は口をほとんど動かさずにあいまいに発音する

2. 検証

いろんな角度から検証してみよう！

検証１：英語ネイティブの日本語と日本人の英語

英語のネイティブスピーカーが喋る日本語と、日本人が喋る英語、よくあるパターンを考えてみよう！

This is delicious! What do you call this food?
「これすごくおいしいね。何という食べ物ですか？」
を例にとってみよう。

日本語の発音

> 英語のネイティブが日本語を話すと……。
>
> これすごくおいしいね。なんというたべものですか？
>
> これは発音をこうとらえているからなんだ。
> [kóu re sú gouk ói shii ne nǽn toiu tǽ be móu nə dé sə kə]
>
> 一方で、日本人が話すと……。
>
> これすごくおいしいね。何という食べ物ですか？
> kore sugoku oishiine nantoiu tabemono desuka

当然に思えるかもしれないけど、要注意！ というのも……。

英語の発音

日本人が英語を話すとこうなりがち……。

disu izu delishasu howatto dū yū kōru disu fūdo

それは発音をこうとらえているから
でぃすいずでりしゃす。ほわっとどぅーゆーこーるでぃすふーど？

一方で、英語ネイティブが話すと……。

This is delicious! What do you call this food?
[ðəs əz də lí ʃəs　wʌ́t də yə kɔ́ːl ðəs fúːd]

日本語があまり流暢でない英語のネイティブが日本語を喋ると、抑揚のある日本語になるイメージってない？ あれはわざとやっているわけではなくて抑揚の消し方がわからないんだ。抑揚がない状態で日本語喋られたら「相当日本語上手いな」って思う。ということは、逆もまたしかり。**日本語には英語の強弱のつけ方がないから、日本人はこの感覚を学ばなければいけない!!** 英語と日本語は根底から表現の仕方が違う。だから、そこをつかんで英語を喋れる人は「相当英語上手いなー」って思われるんだ。割り切ってスイッチを入れて**リズムから英語モードに入らないといけないんだ。**

検証２：きれいな英語ときれいな日本語

理想的な英語の発音とは？ まずは、きれいな日本語から考えてみよう。理想はニュースのアナウンスかな？

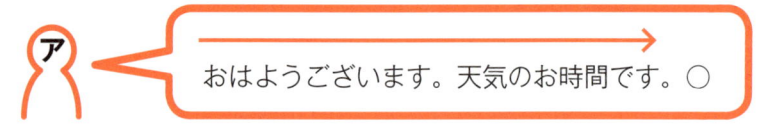

> ア：おはようございます。天気のお時間です。○

うん、アナウンサーが喋るとこんな感じだよね。
では仮に……。

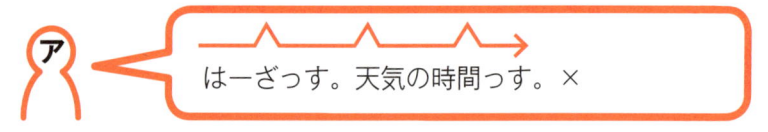

> ア：はーざっす。天気の時間っす。×

えっと、これではきれいとは言えないかな……。

では、英語は？

> A：Good morning! It's time for the weather forecast. ×

> A：Good morning! It's time for the weather forecast. ○

英語は全部正確に発音すると、くどいし意味も入ってきづらい。
ごまかす部分があって初めてきれいな英語なんだ。

検証3：どっちが通じる？ ちゃんと言う or ごまかす

結局のところ実用的に英語を使う時に、どっちが通じるんだっていう話なんだけど、じゃあちょっとシゲノブさん！ ホットチョコレート注文してみてください！

Can I have hot chocolate?
「きゃんないはぶほっとちょこれーとぉ？」
ふふふ、きゃんあいをきゃんないって言ってやったぞ。
発音技の②じゃい！

What? I hope he's not serious about this......
な、何!? シゲノブさん、本気で言ってるんじゃないよね……。
次、ハナ。ごまかすところをごまかしたら？
ちゃんとストレスの母音をおさえてね。

Can I have hot chocolate?
「きゃないへぇっはぁっちゃぁっくれっ？」

あ、ああ。英語モードでね。いやー、わかってますよ。
日本語っぽくっていう意味かと思いましたよ。
「きゃないはぶはっちょっくれっ？」

そう！ **上手くごまかすのが英語を通じさせるポイント！** 2人ともかなりイイ！

未来は僕らの手の中

修行じゃぁ〜
練習じゃぁ〜

ハァ ハァ ハァ

本当にお疲れ様です！もうなんでも発音できるようになっているはず！

力が……、みなぎってるみたい。

アイムザグレーテストって言ってみよう！

ピッ

えーと……。
I'm the greatest.
（あいむざぐぅれぃれすっ）

できる！できる！

！！

ビュッ

そうだ！発音ができれば可能性は無限大！行くぞ！

STAGE 1 から STAGE 4 まで読んでくださったみなさん！ 本当にありがとう。イラストも漫画もたくさん盛りこんで実況形式で楽しく熱くすすめてきました！
内容的にはかなり濃いので発音に対する意識改革につながったのではないでしょうか。
発音のコツを一つずつ再現したことで、日本語では絶対に使わない口の筋肉もたくさん使ったのでかなり疲れたと思います！

でも、こうやって**日本語だと普段は使わない筋肉を動かしてトレーニングを繰り返すことが大切**です！

ぜひ、STAGE 1 から 4 の内容をしっかり復習してください!!
特に STAGE 1 の各種母音とあいまい母音、ここを使いわけてきちんと発音できるようにしておきたい。
では、いよいよ最終章、STAGE 5 でまとめていくよ！

STAGE 5

実践！ 日本人が苦手な発音

STAGE 5

実践！
日本人が苦手な発音

さあ、いよいよ最終章、鬼の実践編です！ これまで体得してきたことを一気に活用する時がやってきました！
STAGE 5では、今までおさえてきた音の出し方や発音技を全部フル活用していくよ！
そして、多くの日本人が苦手とする単語や文章の発音をネイティブレベルで再現できるようにしていきます！

これまでノリよく楽しくすすめてきたものの、おさえてきたコツや発音技はかなり多いので、もしかしたらごちゃごちゃしてきてるかも……。なので、まずは頭を整理することから始めよう！

本筋を見失わないように、右にネイティブ発音になるまでのプロセスを図式化したので見てください！

尚、本ステージの単語、文章の発音解説は rkenglish.com/sound にて聞けます！

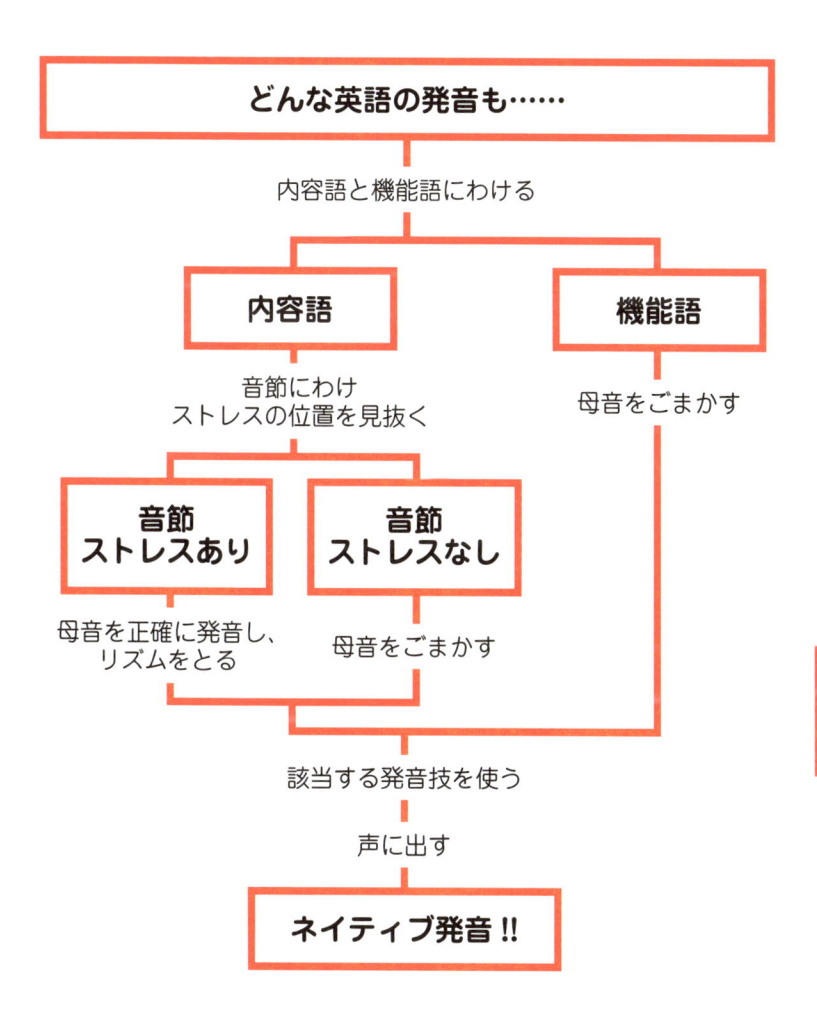

```
どんな英語の発音も……
         │
    内容語と機能語にわける
      ┌──┴──┐
   内容語    機能語
      │        │
  音節にわけ   母音をごまかす
  ストレスの位置を見抜く
   ┌──┴──┐
  音節      音節
ストレスあり ストレスなし
   │          │
母音を正確に発音し、 母音をごまかす
リズムをとる
      │
  該当する発音技を使う
      │
    声に出す
      │
   ネイティブ発音!!
```

STAGE 5 実践！日本人が苦手な発音

Remember to break it down and put them back together !
(一度分解してからまたくっつける！)
徹底理解から感覚へ！ それがリチャード流！

さあ、準備は整いました！ これができればジャパニーズアクセントから卒業できるよ！

では、文章で発音を見てみよう。
例えば、海外に行ったら絶対使うだろうこの文章！

Excuse me.
「ちょっとすみません」

どう見えるかな。
今までのステージを踏まえると、このように見えるはず！

● **内容語**　●機能語

exCUse me.
[əkskjúːz mə]
いくすきゅーずみ

次はこちらの文章。

This is not bad at all.
「これいいねえ」

ネイティブ発音はこうなる！
今度は STAGE 3 でやった発音技も関わってくるよ。わからなくなったら対応する技番号を調べてみよう！

● **内容語**　● 機能語

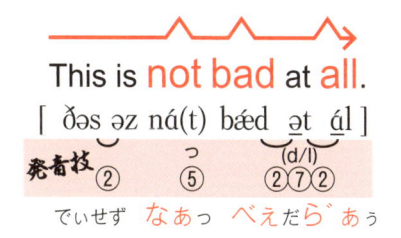

This is not bad at all.
[ðəs əz ná(t) bǽd ət ál]
発音技 ②　⑤　(d/l) ②⑦②
でぃせず　なぁっ　べぇだらぁぅ

Are you ready for the final battle?
（鬼の実践編の準備はできてるかな？）

もう英語の発音なんてこわくない！
むしろおもしろくてしょうがないはず！ さあ、最後に色々な事例を見ていきましょう！

coffee（コーヒー）の発音

自分の発音の悪さに打ちひしがれるのは、実際に海外に行って「いくらなんでも通じるだろー」と思っていたものが全く通じなかった時！ コーヒーは旅行に行った時でも飲みたくなると思うけど、カフェで頼んでバリスタに通じなかったらショックだよね。

挙句の果てに、バリスタに Sorry. I don't think we have that.（うちにはそんなもの置いてないと思います）なんて言われたら立ち直れないと思います……。

coffee [káfi]
①音節にわける
co と ffee。

②ストレスの位置を確認
ストレスは co に置かれて、発音記号は [ká] だね。

③発音のコツ
さて、前半部分のキーとなる発音記号は [ɑ]。
あくびをするように口を大きく開けて「あ」と言ってみよう。
※ p.44 鬼の発音のコツ２参照
そして、後半部分の [f] は前歯を下唇にあてて空気を出しながら「ふぃー」と発音するよ。
※ p.82 鬼の発音のコツ 15 参照

④**ネイティブ発音**

coffee [káfi]「かぁふぃー」

簡単そうだけど、日本語の「コーヒー」とは全然違うから注意してね。
ついでに hot coffee の hot の "o" の部分も口を大きく開ける [ɑ] の音。 hot coffee って発音する場合は "t" という破裂音が "c" の音にぶつかるから発音技⑤で
「はぁっかぁふぃー」

鬼の実践！

では、そんな coffee の発音に気を付けつつ
I need hot coffee to keep my eyes open.
「コーヒーないと寝ちゃうかも」って言ってみよう！

●**内容語**　●機能語

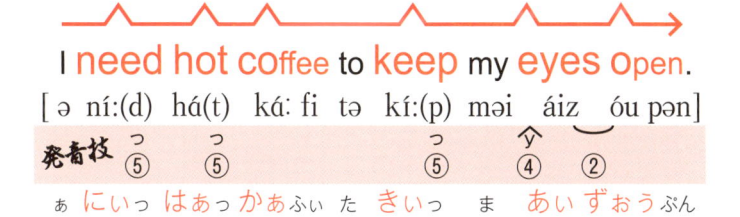

I need hot coffee to keep my eyes open.
[ə ní:(d) hά(t) kά: fi tə kí:(p) mei áiz óu pən]

発音技　⑤っ　⑤っ　　　⑤っ　④＾　②

ぁ にいっ はぁっかぁふぃ た きぃっ ま あいずおうぷん

いやー、もうこれで世界中どこを旅してもカフェインとり放題！
海外留学して徹夜で勉強できちゃうね！

salad(サラダ)の発音

「サラーダ」とか言っても残念ながら通じません……。
英語の発音の仕方の原則を知り、ポイントをおさえよう!

salad [sǽləd]
①音節にわける
sa と lad。
日本語のサラダは sa la da と3つの音で発音するけど、英語の salad には母音が2つしかないので、sa と lad の2つの音で発音します。やっぱりこの時点で日本語とかなり違うね。

②ストレスの位置を確認
ストレスの位置は sa で、発音記号は [sǽ]。

③発音のコツ
前半の sa の部分。
[æ] は口を若干左右に引いて、半分くらい縦に開ける。そして、日本語の「え」と発音。少し「あ」を混ぜる感じで気持ち長めに発音することも心がけよう。
[sæ] であれば、「せぇっ」とイメージしてみよう。

後半の lad の部分。
ここでキーとなる発音記号は [ə]!
出ました! 今まで何回も扱ってきたあいまい母音!
よだれが垂れそうなくらい、ぼーっと口の力を抜いたら、口はちょっと半開きになってるはず。

その口の形でとりあえず「う」と声を出してみよう。

全くどうでもいい音を正確に出すという新感覚!! 日本語では音をあいまいにするのはタブーとされているからね。

というわけで、lad の発音は、[ləd] となり、「るっ」という発音になる。「らだ」じゃなくて「るっ」だけ。

この時、最後の "d" の音はその後に母音がないので、舌の先が前歯と歯茎の付け根にあたった状態で、特に発声せずに終わります。

④ネイティブ発音

salad [sǽləd]「せぇっるっ」

鬼、の実践！

では、試しにオーダーみよう！
I'll have a chicken caeser salad please.
「チキンシーザーサラダください」

●**内容語**　●機能語

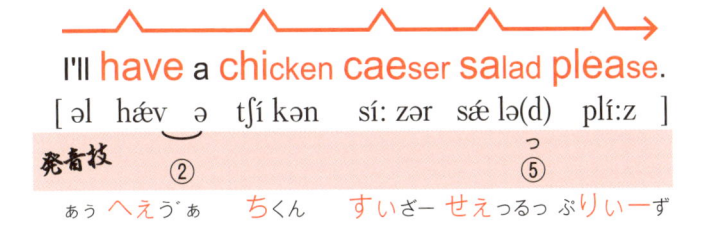

I'll have a chicken caeser salad please.
[əl hæv ə tʃí kən sí: zər sæ lə(d) plí:z]

発音技　②　　　　　　　　　⑤

あぅ へえぅぁ　ちくん　すぃざー せぇっるっ ぷりぃーず

「さらだ」とここまで違えばなかなか通じないだろうし、逆に聞きとれないのも納得！ 繰り返し練習して自信を持ってサラダをオーダーできるようになろう！

department store（百貨店）の発音

「デパートメントストア！」って言っても通じないんだ……。
もちろん略して「デパート」もNG。
department store は長いので前半の department からとりかかろう。

department [dəpá:rtmənt]
①音節にわける
日本語の「デパートメント」は
デ(de) パー(pa) ト(to) メ(me) ン(n) ト(to) と6つの音で発音するね。
でも、英語の department には母音が3つしかない。ということは、de と part と ment の3つの音節で発音します。

②ストレスの位置を確認
ストレスがかかるのは ar の部分で発音記号は [á:r]。
これは [ɑ] と [r] の組み合わせだね。

③発音のコツ
まず、[ɑ] のような日本語にはない音をきちっと正確におさえよう。こちらはもうお馴染みのあくびの「あ」だね。
実際に指入れてみよう！
※ p.44 鬼の発音のコツ2参照

pɑ であれば、「ぱぁ〜ぁ」とあくびして、イメージをつかもう。
その後、まずは口を大きく開けた「ぱ」と発音してそのまま音を

出しながら舌を思いっきり奥へ引いていく。
すると、澄んでいる「ぱ」からこもった "r" の音に変化していくんだ。
※ p.64 鬼の発音のコツ９②参照

最後の破裂音の "t" はその後に母音がないので、舌の先が前歯と歯茎の付け根にあたった状態で、特に発声せずに終わります。

さて、残りのストレスを置かない de と ment の部分。
こちらにはストレスがなくはっきりと発音しないので [ə] を使います！
ジャーン！　またまた登場しました。あいまい母音君です‼
よだれが垂れそうなくらい、ぼーっと口の力を抜いてみよう。

というわけで、de は発音記号で表すと [də] となり、「で」と「どぅ」の間の発音になる。ほとんど口を動かさず適当に軽く音を出そう。
※ p.48 鬼の発音のコツ４参照

ment もあいまい母音が入り、[mənt] になるので、口をほとんど動かさずに、「めん」と「むん」の間の音を狙おう。
この時も最後の "t" の音はその後に母音がないので、さっきと同様に、舌の先が前歯と歯茎の付け根にあたった状態で特に発声せずに終わります。

STAGE 5　実践！日本人が苦手な発音

さあ、寄ってらっしゃい、見てらっしゃい！
ここがこの単語の一番の見せ所！
もう一度 part の部分の "t" に話が戻るんだけど、この "t" のように伸ばすことのできない子音は、子音にぶつかると発音せずにためるっていう特徴がある。

good bye を「ぐっどばい」ではなくて「ぐっばい」って言うのと一緒だね。
そう、まさにこの "d" を発音しないで、小さい「っ」で表現する現象。
まとめると、department「でぱぁっむんっ」
日本語で表記するとなんか壮絶な音になりますが、これこそがパーフェクトな音！

では、お次は単語の後半部分。store！
発音記号は [stɔ́ːr] で、母音は [ɔ́ːr] のみ。
これは part の [ɑ́ːr] と同じ感覚で、母音を発音しながら途中から舌を引いていく音で、日本語の「お」を発音しながら舌を引いていく。「おー」という音。
というわけで、store は「すとー」となる。
長い道のりだったけど、以上を踏まえて音を出してみよう。

④**ネイティブ発音**

department store [dəpá:rtmənt stɔ́:r]
「でぱぁっむんっすとー」
カタカナ発音「でぱーとめんとすとあ」
ネイティブ発音「でぱぁっむんっすとー」
これだけ発音の感覚が違えばなかなか通じないだろうし、逆に聞きとれないはずだよね。

鬼の実践！

では、文章で発音してみよう！
There will be a
new department store opening in October.
「10月に新しいデパートが開店します」

● **内容語**　● 機能語

There will be a
[ðər　wəl bə ə
発音技　 ④
　で　　うぉ　びぃや

new department store opening in October.
njú: dəpá:r(t) mən(t) stɔ́:r óu pə nəŋ ən ə(k) tóu bər]
　　　っ　　　っ　　　　　　　　　　　　っ
　　　⑤　　　⑤　　　②　　　②②　　⑤
にゅー　でぱぁっむんっ　すとーぅろうぷにんげなっとうばー

water（水）の発音

生きるうえで一番必要なものは？ 深い質問だけど、「水」かな？「愛」？ まあそれでもいいけど……。とりあえず水だ〜！ サバイバルだー！ みんな生きるぞ〜！ そんなわけで何かと発音する機会が多い water。

でも、なんかネイティブっぽく発音するのが難しそうな単語だけど、それも今日まで！ ここでバッチリ極めてネイティブ発音を手に入れるぞ！

water [wɔ́:ter]
①音節にわける
wa と ter。

②ストレスの位置を確認
[t] が濁る部分など今まで紹介してきたコツはあるけど、**単語の発音で一番大事なのはストレスの部分の発音**だからね。
ストレスの位置は wa で発音記号は [wɔ́:]

③発音のコツ
口をすぼめた [w] の口から「う〜」と音を出し始めてそのまま口を大きく開けた大口の「お」の形へ。
「ぅわぁ」。ここを恥ずかしがらずちゃんと「むあっ」と口を大きく開けて発音できれば絶対通じます!!
※ p.80 鬼の発音のコツ 14 参照
※ p.46 鬼の発音のコツ 3 参照
そこが一番大事なのは間違いない。

そのうえで気になるのが[t]の処理の仕方だよね。「うぉーたー」っていうよりは「うぉーらー」みたいに発音されてるイメージはあると思うんだ。
そこが発音技の⑦。母音に挟まれた[t]は濁って〜……？
そう、[d]と[l]の中間を狙って、低めの[l]の音になる。
※ p.116 鬼の発音のコツ 26 参照

④ **ネイティブ発音**

water [wɔ́:ter]「ぅわぁら゛ー」

鬼の実践！

では、文章でもチャレンジ！
Can I just have a glass of water?
「水だけもらっていいですか？」

● **内容語**　● 機能語

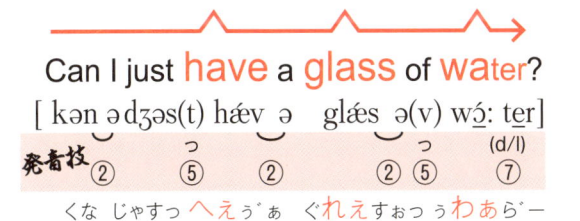

Can I just **have** a **glass** of **water**?
[kən ə dʒəs(t) hæv ə　glǽs ə(v) wɔ́: ter]
発音技　②　⑤　②　　②⑤　(d/l)⑦
くな じゃすっ へぇぅぁ　ぐれえすぉっうぅ わぁらー

hospital（病院）の発音

生きるために必要な water をマスターしたので、同じくサバイバル単語 hospital もいってみよう。カタカナ英語の「ほすぴたる」とは大分違った発音になるよ。
上手く発音するためのコツは water とよく似ている！

hospital [háspətəl]
①**音節にわける**
hos と pi と tal。

②**ストレスの位置を確認**
ストレスの位置は hos で発音記号は [hás]。
なので、ここは「はぁす」と発音するよ。
残りの母音は全て口をほとんど動かさないあいまい母音になります！

③**発音のコツ**
最後に母音に挟まれた [t] を発音技⑦で紹介したように濁らせると……！
※ p.116 鬼の発音のコツ 26 参照

④**ネイティブ発音**
hospital [háspətəl]「はぁすぴらﾞぅ」

どうかな？

砂漠で喉がカラカラでピンチになったら、「ぅわぁら゛ー」。

街で事故って道行く人にヘルプを求めたかったら「はぁすぴら゛ぅ」。

鬼の実践！

では、実践！ 突然具合が悪くなったら……。

I need to go to the hospital.

「病院に連れていってください」

●**内容語**　●機能語

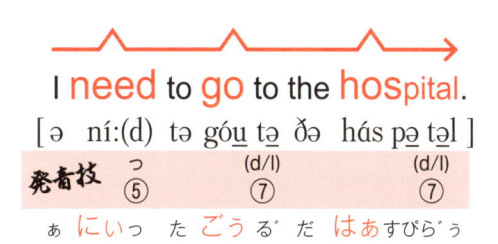

I need to go to the hospital.
[ə ní:(d) tə góu̲ tə ðə hás pə təl]

発音技　っ　(d/l)　(d/l)
　　　　⑤　　⑦　　　⑦

ぁ にぃっ た ごぅる゛ だ はぁすぴら゛ぅ

何もないことが一番だけど、万が一、異国で何かあったら役立つ単語！ この本がみなさんの命を救うことになったらそれだけで出版した意味があったと思えます!!

drinking party（飲み会）で使える単語

ここで難しい発音のオンパレード！ お酒の発音をおさえよう！

beer の発音
やっぱり一杯目はビールだね！ 発音記号は [bíər] というわけで二重母音 [íər] に注目してみよう！ しっかりと舌を引く母音としての [r]。今回の [íər] は、口を左右に引かない「い」を発音しながら途中から舌を引いていく二重母音だ。
※ p.64 鬼の発音のコツ９②参照
これは平仮名では表しにくいけど、口を横に引かずに「びー」って言いながら途中から思いっきり舌を引くのだ！

ネイティブ発音
beer [bíər]「びー」

white wine と red wine の発音
まず、white wine [wáit wáin] からいってみよう。
white の部分から。こういう日本語でもカタカナで使う単語って親しみはわくけど、実際のネイティブ発音とは違うのでくせ者だよね。「ホワイト」っていう印象がこびりついてなかなか拭えない。実際は「ホ」はいらないんだ。
ここでキーとなるのは子音 [w] の発音。口をたこのようにすぼめて「う」の口から発音しよう！
※ p.80 鬼の発音のコツ 14 参照
[t] もその後に母音が続かない限り、ほとんど発音しない。
※ p.114 鬼の発音のコツ 25 参照

そうすると white [wáit] は「ぅわぃっ」。その後に wine がくるので "w" とぶつかって消えるしね。
※ p.110 鬼の発音のコツ 24 参照
wine [wáin] もしっかり [w] の口から「ぅわぃん」。

ネイティブ発音
white wine [wáit wáin]「ぅわぃっうわぃん」

それでは red wine [réd wáin] はどういう発音になるかな？
今度は red に注目だね。さっきキーとなった [w] の発音と似ているけど、口をすぼめることに加えて、舌を引いた状態から母音の音につなげる。しっかりと舌を引いて「ぅぅ〜」とすっごく音がこもった状態から音を出し始めるようにしよう。
※ p.74 鬼の発音のコツ 12 参照
そして red の "d" もその後に続く wine の "w" にぶつかるので消してためます。
※ p.110 鬼の発音のコツ 24 参照

ネイティブ発音
red wine [réd wáin]「ぅれっぅわぃん」

rum の発音
そのままアルコール類ガンガンいこう！ 海賊の飲み物ラム。発音記号は [rʌ́m] で、これも日本人の苦手とする [r] から始まる単語だね。舌を引き、唇を丸めてそこから [ʌ] の母音につなげる。これは口を半開きで出す日本語の「あ」に比較的近い音だね。
※ p.52 鬼の発音のコツ 5 参照

STAGE 5 実践！日本人が苦手な発音

ネイティブ発音
rum [rʌ́m]「ぅらむ」

vodka の発音
日本語だと、ウォッカ。発音記号は [vɑ́dkə]。これこそカタカナ発音と英語発音で全然違うと言える。まず "d" は "k" にぶつかって消える。
※ p.110 鬼の発音のコツ 24 参照
vo の部分は [vɑ́]。
[v] の音から口をあくびする時ほどに大きく開ける [ɑ] へ。
※ p.84 鬼の発音のコツ 16 参照
※ p.44 鬼の発音のコツ 2 参照
この時 ka の部分はストレスがかかっていないので、あいまい母音になって [kə]。非常に弱く「か」と「く」の中間のような音になるよ。

ネイティブ発音
vodka [vɑ́dkə]「ゔぁっく」

sake の発音
もともと日本語だけど僕が小学生くらいの頃は、みんな [sɑ́ki]「さぁきぃ」って言ってた気がする。今は「さぁけぃ」くらいでいけるようになったけど。ストレスは [sɑ́] の位置だよ。
日本語のイントネーションで「さけ」って言っても通じないかも。そもそも日本語なのに日本語のきれいな発音で喋っても通じないなんて……。でもしょうがない！ **リズムなしには発音そのものができないのが英語**だから！

ネイティブ発音

sake [sákei]「さぁけぃ」

鬼、の実践！

What kind of booze do you like?
「あなたはどんな酒が好き？」
I like beer, white wine, red wine, rum, vodka, sake…
Well, basically anything.
「ビール、白ワイン、赤ワイン、ラム、ウォッカ、酒……。うん、基本的になんでも好き」……全部かい！

●**内容語**　●機能語

I like beer, white wine, red wine, rum,
[ə lái(k) bíər　wái(t) wáin　ré(d) wáin　rʌ́m

発音技 っ⑤　っ⑤　っ⑤

ぁらいっ びー　ぅわいっ ぅわいん　ぅれっ ぅわいん　ぅらむ

vodka, sake… Well, basically anything.
vá(d) kə　sákei　wel béi sə kə li　éni θəŋ]

っ⑤　　　　　　　　⌒④

ゔぁっく さぁけい　ぅぉぅ　べいすくりー　えにぃすん

want と won't
(〜が欲しい と 〜しない) の違い

さて、やってきました！ 発音の違い！ 英語だと全然違うのに日本語にしたら同じ発音になってしまうものだね。例えば、want と won't。日本語だと「うぉんと」と「うぉんと」で全く一緒。「聞き分けられないし発音しわけられない」ってよく相談されるけど、実際は全然違うよ！ **日本語にない音は、発音できないと違いを認識する感覚自体ない**ことになるからね。

want も won't もそれぞれ 1 音節だね。まずは want から。発音記号は [wɑ́nt]。[w] は口を強くすぼめる。
※ p.80 鬼の発音のコツ 14 参照
[ɑ] はあくびをするほど口を大きく開ける。
※ p.44 鬼の発音のコツ 2 参照
[w] から [ɑ] に移行するので口をすぼめた状態からむあっと開けて「ぅわぁんっ」。

ネイティブ発音
want [wɑ́nt]「ぅわぁんっ」

次は won't ！ 発音記号は [wóunt]。[óu] はちょうど日本語の「おぅ」くらいで唇に力を入れなくていい。won't は口を強くすぼめた [w] の口から筋肉を緩めるくらいの [óu] へ。「ぅおぅんっ」
※ p.80 鬼の発音のコツ 14 参照
スタートは一緒でも、その後の口の開き方が全然違うし、won't は「おぅ」という二重母音だよ〜。

ネイティブ発音

won't [wóunt]「ぅおぅんっ」

want は他動詞なので必ず名詞(または名詞の塊、名詞の位置にこれるもの)が続き、won't は助動詞なので必ず動詞の原型が続く。**文法的に判断できるけど、だからって発音が適当になるといけない**のでかっこよく極めていこう！

鬼の実践！

文章でも納得のいく発音をできるようにしよう！
I want to do it again.「もう１回したい」
● **内容語**　●機能語

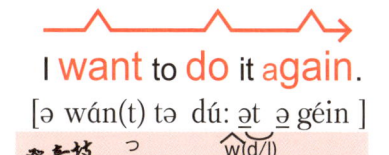

I want to do it again.
[ə wán(t) tə dú: ət ə géin]
発音技　っ　w(d/l)
　　　　⑤　④⑦②

ぁぅ わ あんっ た どぅー ぅぇら げぃん

I won't do it again.「もう２度としません」

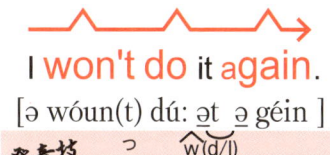

I won't do it again.
[ə wóun(t) dú: ət ə géin]
発音技　っ　w(d/l)
　　　　⑤　④⑦②

ぁぅ おうんっ どぅー ぅぇら げぃん

can と can't（〜できる と 〜できない）の違い

あるある Conversation !!
ネイティブ：Can you do it?
日本人：　　I can do it.（あいきゃんどぅーいっ）
ネイティブ：You can? Or you can't?
日本人：　　I CAN do it !（あいきゃんどぅーいっ！）
ネイティブ：Okay that's fine. I'll ask someone else to do it.
日本人：　　? No no, I CAN!（のーのー、あいきゃーんっ！）
ネイティブ：I know you can't. It's okay.
日本人：　　?（ちゃんときれいに発音してるのに。え!? なんで……？）

ちゃんと発音してるのに、何がいけないのか。
答えは、**ちゃんと発音してるからいけない**んだ。
「え？」って思うかもしれないね。

じっくり考えてみよう。
I can do it. と I can't do it.

さあ、本書で発音のコツを学んだみなさんは、「can't の "t" ってその後の do の "d" と隣りあわせているから消えるんじゃないのか」って気付くかもしれない！
※ p.110 鬼の発音のコツ 24 参照

「あれ？ can't の "t" が消えちゃったら、発音が全く同じになる！ 区別つかないじゃん！」って思うかもしれない。

確かにそうなんだけど、ここで発想が止まってしまっていたら日本語思考のままになってしまっている証拠なのでもったいないです！ 今まで説明してきたように、**英語は第一にリズムでとらえることが大事**だよね。

「内容語」（ちゃんと発音する単語）と「機能語」（あいまいにごまかす単語）にわけるところから考えてみるよ。
※ p.148 鬼の発音のコツ 33 参照

I can do it. と I can't do it. の各単語を内容語と機能語にわけてみよう。まずは、I can do it. から。
I と can と do と it。
この中でちゃんと正確に発音する単語、つまり、内容語は動詞の do だけだよね。

したがって、I can do it. [ái kǽn dú: ít]「あぃ きぇん どぅーいっ」ではなく、do 以外の機能語の部分は全部あいまい母音になって実際はこういう音になるんだ。

ネイティブ発音
I can do it. [ə kən dú: ət]「ぁ くん どぅーぅぇっ」

リズムに乗って do の部分で手を動かしてみよう。
do it は「どぅーぅぇっ」になるね。
※ p.108 鬼の発音のコツ 23 ② 参照

さて、次は I can't do it. だね。
I と can't と do と it。

この場合、否定形の助動詞は内容語として正確に発音するんだ。
肯定の場合は動詞をきちっと発音すればいいけど、否定の場合は否定を表す助動詞もしっかり発音しないといけないんだ。なので "t" が消えてるとしても [kən]「くん」ではなく [kæn]「きぇん」になる。
発音技⑤で小さい「っ」のようにためる感じも出るしね。
「ぁきぇあんっどぅーうぇっ」

では、英語のリズムを身に付けるために、**can't** と **do** の２つの位置で手を動かして！

リズムに合わせて手を動かす

I can do it.「ぁくん どぅーうぇっ」（１拍）
I can't do it.「ぁきぇんっ どぅーうぇっ」（２拍）

このように、リズムからして違うわけです。
だから、字面だけで判断して、「"t" があるかないか」という考え方ではだめなんだ。

そもそも can't の "t" は発音されていないんだから、やはり英語においての「リズム」の重要性をおさえなくてはいけない。
そして、あくまで**スペルじゃなくて、音から入って音で覚えることの大切さ**を改めて実感する例だと言えます！

ちゃんと発音しわけて、感じわけられるようになっておこう！
Yeah!

さよならリチャード

日本語にはない音、
子音だけで発音する感覚、
合理的な発音技、ごまかす感覚、
英語特有のリズム……。
英語の正体がわかったかな？

日本語と英語は全く違うものだけど、正体がわかればこわくないね。

後は世界征服だ！

いや、世界平和！

どっちでもいいけど、とにかく世界は広がる!!

じゃ！ 僕はこれで！

え？ そんなあっけない…

また会おう！

🔊 TRACK **37**

That's it guys!

You know, the world is becoming smaller than ever before. What I'm trying to say is that everything is so much closer and a lot more things are within your reach. Maybe it's because of the technology, or the way they do their business or maybe it's just the way it is. That's why it's important to be able to communicate with all kinds of people all over the world, and that's when the pronunciation tricks really come into play. Practical skills only help you to understand each other better and become more familiar with the world we live in.

さあ、こんなふうに英語でスピーチもできるようになったかな？
さすがにちょっとまだかな。
鬼の発音のコツ 1 ～ 33 を自分のものにすれば必ずできる。
英語発音なんて正体がわかればこわくないんだ。
これからもこの本は発音のバイブルとして大切にしてください。

このスピーチの音声＋訳と発音のアドバイスは rkenglish.com にて公開中！ できるようになっちゃおう！

RK English 「School Song」で英語を体得!

🔊 TRACK **38**

では、校歌斉唱でお別れです!

英語の歌は発音の練習にすごくいいよ!
音の出し方、発音技、リズム、今までやってきたことが全部関わってくるので、難しく考えずにとにかく歌手の声の出し方をとことんマネしよう。
楽しく学ぶ、好きだから学ぶという姿勢を常に忘れないこと!
Now let's sing it together! (さあ、一緒に歌おう!)
※歌詞の日本語訳は rkenglish.com にて公開中!

RK English 校歌
作詞　Richard Kawaguchi
作曲　矢代直輝

My goals seem so complicated
Test-based curriculum who started it?
Don't have a clue how to achieve it
So I hid it from myself

To try it hurts too much
It sounds like a joke
But do I Just wanna be someone else
Like this forever?

Far or near I will hear
The sound that I don't understand
What I'm about to find out
I can't suppress my curiosity

If you wanna learn then come and get it
It's your call to see it big or small
The higher the mountain
The better view
You see when you conquer it

The first word I learned I can't remember
Like mama or dada which started it all
The future is in your hands
Don't let it slip
Let the real education prevail

INDEX

RK ENGLISH

鬼の発音のコツ一覧

STAGE 1　日本語にはない母音 17 個

日本語とかけ離れた母音 4 個

1　母音 [æ] しゃくれの「あ」
　　コツ：口を横に引き、縦にも少し開けて「え」と発音

2　母音 [ɑ] あくびの「あ」
　　コツ：あくびをイメージ。指を縦に２本入るほど開けて「あ」

3　母音 [ɔː] 大口の「お」
　　コツ：口に指が２本縦に入るほど大きく開けて「お」

4　母音 [ə] あいまい母音
　　コツ：よだれが垂れそうな口でそのまま「う」

日本語に似ているけど少し違う母音 4 個

5　母音 [ʌ] 低めの「あ」
　　コツ：口は半開きでお腹の底からしっかりと「あ」と発声

6 母音 [i] 口を引かない「い」
コツ：口の左右を引かずに「い」

7 母音 [e] ちょっと大きめに開ける「え」
コツ：ちょっとだけ口を大きめに縦に開けて「え」

8 母音 [u] 口の力を抜いた「う」
コツ：口はリラックスして「う」

[r] が関わってくる母音9個

9 母音 [r] 舌を思いっきり引く音

① 舌を最初から引く音
コツ：舌の両脇が上の歯の奥歯にあたるほど一気に引く

② 舌を途中から引く音
コツ：まず純粋に母音の音を出して途中から舌を引いていく

STAGE 2　日本人が苦手な子音 10 個

10 子音 [θ] "th" 舌と上の歯の「すぁ すぃ すぅ すぇ すぉ」
コツ：舌を噛むのではなく、前歯の下にあてるだけ

11 子音 [ð] "th" 舌と上の歯の「ずぁ ずぃ ずぅ ずぇ ずぉ」
コツ：前歯の下に舌をあてて「ず」と発音

12　子音［r］たこちゅーの「ぅら ぅり ぅる ぅれ ぅろ」
コツ：舌を引いて、口をすぼめた「う」の口から発音

13　子音［l］舌ったらずの「らりるれろ」
① [l] の後に母音がある場合（lemon, lots of など）
コツ：舌の先が前歯の裏にあたるように「らりるれろ」

② [l] の後に母音がない場合（hotel, table など）
コツ：単語の最後がlの場合は、舌を前歯の裏につけたまま発音を終わらせる

14　子音［w］たこちゅーの「ぅわ ぅい ぅう ぅえ ぅお」
コツ：口をすぼめた「う」の口から発音

15　子音［f］下唇の「ふぁ ふぃ ふぅ ふぇ ふぉ」
コツ：前歯を下唇にあてて、空気を出しながら発音

16　子音［v］下唇の「ヴぁ ヴぃ ヴぅ ヴぇ ヴぉ」
コツ：[f] が濁った音なんだと認識！

17　子音［j］"y" 舌を緊張させた「いや いい いゆ いえ いよ」
コツ：「ぎぃー」ばりに舌を緊張させて「いいー」

18　子音［s］舌先が真ん中の「すぁ すぃ すぅ すぇ すぉ」
コツ：歯と歯を閉じて「すー」と発音

19 子音 [ʃ] "sh" 舌先が上を向く「しゃ しぃ しゅ しぇ しょ」
コツ：歯と歯を閉じて「しー」と発音

STAGE 3　目からウロコの発音技 12

20 発音技① 音のない "e"
コツ：英単語の最後の "e" は発音しない！

21 発音技② リンキング（子音→母音）
コツ：子音から母音はセットで発音する！

22 発音技③ リンキング（子音→子音）
コツ：重なる同じ音の子音はやや長めに1回にまとめて発音する

23 発音技④ リンキング（母音→母音）

①「い」系の母音から母音につながるパターン
コツ：「い」系の母音から母音は、間に子音 [j] を挟んでつなげる！

②「う」系の母音から母音につながるパターン
コツ：「う」系の母音から母音は、間に子音 [w] を挟んでつなげる！

24　発音技⑤ 消える破裂音と消える [v]
コツ：子音の前に破裂音か [v] がきた時は発音せず、小さい「っ」の感覚でためる！

25　発音技⑥ 消える最後の破裂音と消える [v]
コツ：最後に破裂音か [v] がきた時は、発音せずにその子音の口の形で終わらせる！

26　発音技⑦ 濁る [t]（母音に挟まれた場合）
コツ：母音に挟まれた [t] は、[d] と [l] の間の音にする！

27　発音技⑧ 濁る [t]（[l] と母音に挟まれた場合）
コツ：母音と [l] に挟まれた [t] は [d] と [l] の間の音を狙う！

28　発音技⑨ 消える [t]
コツ：[n] と母音に挟まれた時 [t] は消す。[n] を濁らせて気持ち低めに発音する

29　発音技⑩ 飲み込む [t]
コツ：[t] が母音に挟まれてその直後に [n] がある場合は [t] を消して、「っんん」と飲み込む

30　発音技⑪ 子音＋ [j] "y"
コツ：直前の子音から「ぃや ぃい ぃゆ ぃえ ぃよ」につなげる

31 発音技⑫ 消える [h]
コツ：機能語の頭の [h] は無視して前後の音をつなげる

STAGE 4　日本語と違う英語のリズム

32 単語のリズム
コツ：余計な母音は入れない！

コツ：ストレスの母音は正確に、それ以外の母音は口をほとんど動かさずあいまいに発音する

33 文章のリズム
コツ：機能語の母音は口をほとんど動かさずにあいまいに発音する

あとがき

初めての出版、振り返ってみると執筆、レコーディングとやっているうちにどんどんいろんな人を巻きこんで、校歌を歌ったり、ラップまでやったり、まるで1つの祭典でした。とにかく楽しかったです!!

今更だけど俺は本も勉強も嫌いです。そんな俺が出版を通じて何をしたかったのかというと、語学書でも楽しく、悪ノリもあって、かしこまらずに発音の超実用的な部分を伝えられるものを日本で出したかった。
「英語＝勉強」、「勉強＝堅くてつまらない」というもったいない仕組みを壊し、今の日本の英語教育にたりていない大事な「発音」というスキルを少しでも多くの人に伝えたかった。本で扱った内容は、できるようになれば絶対に英語をもっと使ってみたくなるような即戦力になる「コツ」ばかり。この本でグローバルに活躍できる方が一人でも多く育ち、そして、日本が世界の公用語である英語をもっと自然に使いこなせる、より強い国になることを願っています。

教師を初めて8年、TOEICをはじめとして単語、文法、リスニングと色々教えてきました。本書を執筆する中で、一番力を入れてきた「発音」の内容をまとめるいい機会、またただがむしゃらに突っ走ってきた教師生活や、ここまでに至る経緯なんかも改め

て振り返る機会にもなりました。本当にたくさんの人に支えられてここまでやってこれました。この場を借りて感謝の気持ちを述べさせてください！

何よりもまず！ 俺がどんなに忙しくても嫌な顔ひとつせず、愛情たっぷりで常にすぐ横で支え続けてくれた妻の美佳、あなたが嫁でよかったほんとに。この半年間、本に集中できたのもあなたのおかげです。
そして、その横ですくすくと育ってくれた、まだ8ヶ月の将宗！ ありがとう!! You are my new purpose! 父ちゃん頑張る！

10年前に他界してしまい、しかし、いまだに夢には登場し続けてくれる偉大なる父。どんな境界線にもしばられず家族を海外へ、新しい世界へと引っ張っていってくれました。今の俺があるのはあなたのおかげです。
常にハチャメチャな俺を強く、優しく見守ってくれた母。父を亡くした矢先にラスベガスで働きたいと言って出て行った俺（むちゃくちゃすぎて書いててお恥ずかしい）を今も一番応援してくれている。感謝とかいう次元ではないです。（いかん。書き始めなのにもう涙が……）
昔から一番慕ってくれて、不器用ながらもエリート街道まっしぐらのかわいい妹！ この家族は常に俺の誇りです!!

小学校からの大親友のしん、ボザムス！ 今だにアホな友達でいてくれてサンキュー！

バンクーバーで7年半お世話になったTOEICの専門校である

99 Institute では、俺をその背中で育ててくれた偉大なる先輩教師のモモーズ先生、よっしー先生！ 百戦錬磨のお二人方に常に刺激を受けてきました！ 本人曰く、7年半前に俺を橋の下で拾って育ててくれたという田中覚校長！ 実際そうだと思います。ほんとに感謝してます‼

出版のきっかけを作ってくれた RK English 短期集中発音コース自慢の卒業生、Ken！ ありがとうな！ あの熱い発音授業の日々が一冊の本に！ こんなことになってしまったぞ。

友人（弟分？）であり音楽家のハリバット、語学書としては異例の音楽面での豪華な仕様に一切の努力を惜しまず、最後までこだわってやってのけてくれました。日本とカナダを股にかけたレコーディング、何十時間一緒に過ごしたかね？

同じく友人でアーティストのＱ！ 出版が決まった時からイラストはＱ！ と決めていました。こんな友人たちがそれぞれのスキルを持っていて、チームになれるなんて最高です。

プロモーションビデオ作成に尽力つくしてくれた Tomo 君！ サンキュー！ いつも何かと頼ってしまっているね〜。また頼ります！

本書の本文デザインを手がけてくれた滝口さん。俺の細っか〜い注文にしっかりと応えてくれてありがとう！ すごい！ あんさんほんまもんのプロやで！

そして、そんな俺たちをまとめながら全ての架け橋になってくれた編集者の志保！ 文字通り魂を削りながら、マイペースな俺を管理してくれました。編集者が志保じゃなかったら無理だったでしょう。最後はみんな寝てなかったよね〜。

快くセミナー等を開催させていただき温かくサポートしてくださるバンクーバーの優良留学エージェントのJPカナダ、ちびかなだ、カナダジャーナル、GoToVanのみなさん、いつもありがとうございます！
学生による、学生のための非営利団体、UNIOSのみんなとは何度か大規模なコラボイベントを実現させてもらいました！ 共に歩み、共に真の国際人を目指すというすばらしい団体です。
また、友人であり教え子でもある「バンクーバーのうぇぶ屋」ことセナ！ 彼はウェブ業界注目のスーパースターで、彼が運営する「TOEIC860点取るまで諦めないブログ」では講師役で出させてもらっています。いつもありがとう！

兄貴と慕ってくれる弟のようなたけし。お前も今や世界を股にかける敏腕留学マーケターだからな。いつもありがと！ これからもよろしくな！

共に大きな夢を共有し、英語学習者たちをつなげて相互的に表現力を高めるアプリを開発中のHajimeさん、Hiroki、Choさん、最強のチームです。世界を変えましょう！ 今回の出版でバタバタしてる時も、しっかりプロジェクトを進行してくださりありがとうございます！

本を締めくくる壮大な校歌を歌ってくれた、元同僚で心も声も癒しのメインボーカル、クリス！ その旦那でギターを弾いてくれたイケメンごーすけ！ そしてコーラスは JaVan Gospel の邦子さん、まっちゃん、ジェリー、さやか、あゆみ、愛子、綾乃、教え子のひろこ、ゆりさん、一緒にソーラン節を踊っている Vancity Soran のバネッサ、そしてコートニー！ サックスは裕太さん！ ありがとう！ めちゃめちゃいいものができてしまったよね。これからもこの校歌はみんなで歌い続けます！

そして **last but not least,** この本を手にとってくれたあなた！ 最後までお付き合いいただきありがとう!! 教師を続けるにつれ、もっともっとたくさんのことを教えたい、という想いが強くなってきました。この本があなたのもとに渡り、そして役に立てたのならそれほど嬉しいことはないです。

この本で習ったコツを使って自分の可能性をどんどん広げてください！
とにかく楽しんで、自信を持ってください。
これからも応援してます！

こんなご時世、俺とあなたの距離も近いはず。
rkenglish.com にアクセスするか、もしくは Facebook で RK English を検索してください。これも何かの縁。今後も質問、相談、何気ないメッセージでも遠慮なくしてね！

それでは、英語発音という武器を手に入れたみなさんのご発展を願って、

Cheers to our future! [tʃíərz tə ər fjú:tʃər]

「ちあーず とぅわぁ ふゅーちゃ」未来に乾杯！

Cheers! [tʃíərz] の [íər] は、ちゃんと口を左右に引かない「い」を発音しながら途中から舌を思いっきり引いてね！

また会いましょう！

Richard Kawaguchi

この本で終わりではない……。
Let's get connected with Richard and RK English!!

〈SEMINARS & WORKSHOPS〉

直接リチャードから学ぼう！
定期的に開催される目からウロコの勉強会！

- ・発音セミナー
  今回やった内容をリアルでやろう！
- ・単語ワークショップ
  泉のようにわき出る表現力のつけ方！
- ・英語脳セミナー
  直接英語で考える思考法を伝授！

〈TANGO NETWORK the APP〉

表現力をみんなで構築するコミュニティー！
完全無料で英単語のニュアンスを完全網羅。

〈FACEBOOK〉

リチャード、そして同じ志を持つ仲間達と直接交流できる場。
英語に関する質問も遠慮なくしてね！

全ての詳細は！http://rkenglish.com へ！

- ■ カバーデザイン　　小口 翔平＋西垂水 敦（tobufune）
- ■ 本文DTP　　　　　滝口 美香
- ■ イラスト　　　　　Q/Taq Yoneda　http://mind.qroni.ca
- ■ CD音楽作曲・編集　矢代 直輝（Yashirock Music）
  　　　　　　　　　　http://yashirockmusic.com

■著者略歴
リチャード　川口
（りちゃーど　かわぐち）

バイリンガル日系カナダ人講師

カナダ生まれ。オーストラリア、アメリカ、日本で育つ。TOEIC満点複数回取得。明治大学卒業後、バンクーバーへ渡りチューターを始める。

2006年TOEIC専門校の99Institute（1ヶ月でTOEICスコア平均180アップの実績を誇る老舗校）の講師になる。これまでに2000人以上の生徒を担当し「日本人英語のネイティブ化」をすすめてきた。
特に、日英両方の視点から言語を分析して体系化された発音のレッスンは「リスニング力が上がった！」、「なぜ日本ではこういったことを教えてくれないの⁉」と留学生の間で評判に。

2012年より英語教育ブランド「RK English」を立ち上げ、カナダ、日本でセミナーを開催している。直接リチャードが英語の質問に答えてくれるFacebookページやrkenglish.comでの発音の音声解説などインタラクティブな教材も好評を博している。

本書の内容に関するお問い合わせ
明日香出版社　編集部
☎(03) 5395-7651

CD BOOK バンクーバー 発音の鬼が日本人のためにまとめた ネイティブ発音のコツ33

2013年　9月20日　初版発行	著　者	リチャード　川口
2013年　10月　7日　第7刷発行	発行者	石野　栄一

〒112-0005 東京都文京区水道2-11-5
電話 (03) 5395-7650（代表）
　　 (03) 5395-7654（FAX）
郵便振替 00150-6-183481
http://www.asuka-g.co.jp

明日香出版社

■スタッフ■　編集　早川朋子／久松圭祐／藤田知子／古川創一／田中裕也／余田志保
　　　　　　営業　小林勝／奥本達哉／浜田充弘／渡辺久夫／平戸基之／野口優／横尾一樹
　　　　　　／関山美保子　総務経理　藤本さやか

印刷　株式会社フクイン
製本　株式会社新東社
ISBN 978-4-7569-1645-7 C2082

本書のコピー、スキャン、デジタル化等の無断複製は著作権法上で禁じられています。
乱丁本・落丁本はお取り替え致します。
©Richard Kawaguchi 2013 Printed in Japan
編集担当　余田志保

CD BOOK たったの 72 パターンで こんなに話せる英会話

味園 真紀

これでもうフレーズ丸暗記の必要ナシ！「～じゃない？」「～かなぁ」「よく～するの？」「～してもらえない？」「～はどんな感じ？」「～頑張って！」などなど、ふだん使う表現が英語でも必ず言えるようになります。

定価1470円　B6変型　216ページ
ISBN4-7569-0832-2　2005/01 発行